DEUTSCHLAND
im Farbbild

Einleitung von

Rudolf Hagelstange

Bilderläuterungen von

Rudolf Hagelstange

und Wolfgang Martin Schede

UMSCHAU VERLAG FRANKFURT AM MAIN

Zusammenstellung und Bearbeitung: Bernd Lohse
Die Initialen bei den Bilderläuterungen stehen für die Namen der Verfasser:
Rudolf Hagelstange *(R. H.)* und Wolfgang Martin Schede *(W. M. S.)*

9. Auflage 1972

© 1962 Umschau Verlag Breidenstein KG, Frankfurt am Main
Umschlaggestaltung: Layoutabteilung Brönners Druckerei, Frankfurt am Main
Klischees: Chemigraphie Brönners Druckerei, Frankfurt am Main
Gesamtherstellung: Brönners Druckerei Breidenstein KG, Frankfurt am Main
ISBN 3-524-00038-X · Printed in Germany

Farbiges Deutschland

Ein Deutscher, der die Schönheiten seines Vaterlandes rühmt, gerät wie jedermann, der die eigene Sache mit Eifer und Entschiedenheit vertritt, leicht in den Verdacht, befangen zu sein und — wie die Römer es ausdrückten — pro domo zu sprechen. Solcher Verdacht wäre zwar nicht ehrenrührig; denn wenn es zutrifft, daß erst der Liebende den Wert eines Menschen oder einer Sache voll zu erkennen vermag, dann ist ein Deutscher nicht weniger legitimiert, über sein Land zu urteilen, als ein Franzose, ein Kanadier oder ein Burmese über das seine. Aber — bei aller Anerkennung so schönen Vorurteils möchten wir die Erfahrungen und Beobachtungen eines einigermaßen Weitgereisten doch über den Enthusiasmus des Eingesessenen stellen. Den Reichtum, die Vielfalt, die Besonderheiten der deutschen Landschaft vermag am besten wohl derjenige abzuschätzen und zu würdigen, der seine Beine unter die Tische anderer Völker und Nationen gestreckt und seine Augen auch vor den Schönheiten der Fremde nicht verschlossen hat.

Vielfalt und Besonderheit deutscher Landschaft — das schreibt sich einfach nieder und bedeutet doch einen Sachverhalt, der eine ganze Skala von Reizen und Eigenheiten umgreift, welche zwar hier und dort Erinnerungen oder Anklänge an Verwandtes aufrufen mögen, in ihrem Wesen jedoch einmaligen Charakters sind. An den Rändern und Grenzen eines Landes — vor allem, wenn es sich um Gebiete handelt, die im Gange der jüngeren Geschichte umstritten waren — kann es Übergänge und Unentschiedenheiten geben. Aber auf das Ganze gesehen hat jedes Land seine unwiederholbare Eigenart. Wie verschieden sind für einen aufmerksamen Beobachter zwei in der Wurzel so verwandte Länder wie Spanien und Italien, und wie ganz anders ist doch Irland als die nahe britische Insel! Jedes hat seine eigene Geschichte, Kultur, Folklore, Natur und Übernatur, und diese Kräfte und Werte bewirken insgesamt etwas Unverwechselbares.

Deutschland gehört seit langem zu jenen Ländern unseres Kontinents, die weniger ihrer klimatischen Favoritenstellung wegen besucht werden (wie etwa die Länder des sogenannten sonnigen Südens) als vielmehr um der sichtbaren Schönheiten willen, die das menschliche Auge beeindrucken und erfreuen. Von den Alpen bis an die Küsten von Nord- und Ostsee hin entfaltet sich ein Landschaftsbild von so erstaunlicher Stufung und Anziehungskraft, daß selbst der reisefreudigste Deutsche immer wieder das Wundern lernt, wenn es ihn in noch unbekannte Bereiche und Landstriche führt. Was sich in west-östlicher Richtung entlang der Linie Freiburg–Passau, also beiderseits der Donau — nord-südlich etwa zwischen Mainlinie und Alpenkette — an landschaftlichen, städtebaulichen, architektonischen und kulturhistorischen Reizen versammelt hat, macht dieses Gebiet

3

zu einem der reichsten und liebenswertesten Flecken der Erdoberfläche überhaupt. Diese Vielfalt ist durch keinerlei Aufzählung in ihrem Gehalt und ihrer Fülle zu erfassen. Schnee- und eisbedeckte Berghäupter und anmutige Vorgebirgslandschaften, große Städte, Klöster und Kirchen in paradiesischer Lage und von weltweitem Ruhm, Denkmäler künstlerischer Kraft und Pracht, Zentren menschlichen Fleißes und unternehmenden Geistes — die Bewohner dieser gesegneten Landschaften wissen zuweilen gar nicht, welche überreiche Mitgift von Natur und Geschichte auf sie gekommen ist. Und als ob andere Gebiete wiederum eine gelegentliche Benachteiligung im Landschaftlichen auszugleichen suchten, richten sie imposante Burgen und Türme der Industrie auf — wie zum Beispiel im Ruhrgebiet — und erwecken auf andere Art die Aufmerksamkeit und Bewunderung eines Deutschlandbesuchers. Ein feinmaschiges Verkehrsnetz verbindet die großen Städte mit den entlegensten Dörfern, das brausend lärmende Treiben der City mit der ländlichen Idylle, die neonfunkelnden Boulevards mit den mondbeschienen Plätzen der mittelalterlichen Kleinstädte. Machtvoll strömen die Nibelungenflüsse Donau und Rhein über die Grenzen hinaus, mündet die Elbe hinter der Weltstadt Hamburg, die Oder bei Stettin ins Meer; beschaulich und selbstgenüßlich wandern die kleineren Flüsse ihnen zu, an schönen Weinhügeln vorbei oder durch ertragreiches Fruchtland; und überall und immer wieder rauschen und plauschen Bäche durchs Land. Und wenn auch der deutsche Teil der Alpen nur ein recht bescheidenes Stück des mächtigen europäischen Gebirgsgürtels ausmacht — die deutschen Mittelgebirge wie Schwarzwald, Harz, Erzgebirge, Thüringer Wald oder Taunus haben ihresgleichen kaum in anderen Ländern. Eine Landschaft wie die des Schwarzwaldes gilt dem Amerikaner wie dem Australier als Inbegriff des deutschen Waldes, deutscher Versponnenheit und Intimität. Harz und Thüringer Wald haben sich auf dem Wege über die Weltliteratur — Goethe und Heine — in das Bewußtsein entlegenster Völker geschmuggelt. Und welcher Deutsche wüßte nicht, wieviel Poesie und Märchenhaftigkeit im Erzgebirge oder im Reinhardswald nisten, welche Maare in der spukhaften Eifel noch zu entdecken sind. Unsere Wälder haben es den anderen angetan; und wenn wir selbst einmal „zu den anderen" reisen — auch uns gehen diese Wälder nach, wir entbehren sie, wir sehnen uns insgeheim nach ihnen.

Auch von der Weite schon nördlichen Himmels und küstennaher Landschaft, von Inselwelt und Meer haben wir ein beachtenswertes Stück mitbekommen. Die Landschaft am Niederrhein und die norddeutsche Tiefebene üben ihren Zauber aus; die friesischen Inseln, Sylt, Föhr und die Halligen, Usedom und Wollin, die Frische und die Kurische Nehrung . . . Der Süddeutsche, der sich zwischen den beiden unglückseligen Kriegen einmal zu so nördlich anmutender Reise entschloß, war überrascht von solchem Zuwachs an deutscher Landschaft. Und immer wieder, zwischen den Flüssen und Gebirgen, den Höhen und Senken, in den Einschnitten der See und den Mündungen der Ströme die großen und die kleineren Städte: Hamburg, Bremen, Magdeburg, Lübeck, Köln, Düsseldorf, Hannover, Mannheim, Stuttgart, Karlsruhe, Heidelberg, Nürnberg, Regensburg, Kiel und Flensburg, Trier und Aachen, Berlin und München . . . die Reihe interessanter und bemerkenswerter Städte ist nicht

4

in drei oder vier Zeilen erschöpft. Wer Würzburg nennt, entsinnt sich auch Dresdens; wer an das alte Königsberg denkt, dem fällt auch die Grenzstadt Passau ein. Ein Städtchen wie Ansbach mahnt uns an Eisenach, Bayreuth an die Wartburg; das Frankfurter Goethehaus lenkt unsere Gedanken nach Weimar, und Weimar wiederum ruft die Erinnerung an das schwäbische Marbach auf. Wie das Geflecht von Adern und Nerven in unserem Leibe verbinden Schicksalsfäden und Lebenslinien das eine mit dem anderen. Eine gemeinsame Sprache macht uns zu Geschwistern — wir nennen sie Muttersprache. Ein Land prägt uns und unser Schicksal — wir nennen es Vaterland.

Dieses Phänomen Deutschland in den Blick zu bekommen, ist das Ziel und der Sinn des vorliegenden Bandes. Weil es ein Buch mit farbigen Aufnahmen ist, besteht eine zweifache Problematik: diejenige der Auswahl und die der Materie selbst. Diese Probleme hängen zu einem Teil zusammen, zum anderen resultiert eines aus dem anderen; aber das der Auswahl ist das ältere und immer vorhandene. Darum soll es zuerst berührt sein.

Das Land, dessen Vielfalt wir zu rühmen und anzudeuten suchten, brauchte auch im Spiegel von tausend Aufnahmen noch nicht in das Bewußtsein des Betrachters zu finden, wenn diese Auswahl allzu monoton, unverbindlich oder zufällig wäre; es könnte aber andererseits an Hand von zweihundert oder dreihundert vielsagenden, bezeichnenden und wohlerwogenen Bildern unmißverständlich Gestalt gewinnen. Das vor einigen Jahren erschienene Schwesterbuch des Verlages hatte sich mit rund zweihundertfünfzig einfarbigen Abbildungen um die Verdeutlichung und Vertiefung dieser Gestalt bemüht — wie das Echo glauben macht, mit gutem Erfolg. Das Unternehmen nun, mit Hilfe von nahezu hundert farbigen Aufnahmen ein möglichst vielseitiges und doch am Ende zu einem eindeutigen Ganzen zusammenwachsendes Spiegelbild einzufangen, erlegte den Sachbearbeitern ein noch strengeres Auswahlprinzip auf. Beschränkung, in der sich seit je die Meisterschaft erweist, mußte geübt werden, ohne daß die Substanz geschmälert wurde.

Dies war zu erreichen; allerdings wohl nicht mit der bequemen Methode etwa des Auszählverses beim Kinderspiel, sondern mit dem unablässig abwägenden Blick auf das Typische und Verbindliche. Es mußte — etwa auf die Art, in welcher uns oben die schicksalhaften Zusammenhänge von Städten und Lebensläufen deutlich wurden — eine Ordnung und An-Ordnung der einzelnen Bilder erspürt und erarbeitet werden, in der Namen und geographische Lagen zwar auswechselbar scheinen mögen, Charakter und Profile aber musterhaft und unentbehrlich sind. Eine Bergwiese, auch wenn sie örtlich exakt bestimmt ist, muß für viele Wiesen stehen können — eine Gebirgsperspektive das ganze Gebirge, ein Landschaftsausschnitt die Eigenart der größeren Landschaft enthalten. Es ist nicht erforderlich, alle bayerischen Seen gegenständlich anzusprechen, wenn es nur gelingt, die geglückte Aufnahme des einen oder anderen zu finden, der sie insgesamt vertritt. Und ähnliches gilt für die Klöster und Dome, die Burgen und Flußtäler, die Winkel der noch mittelalterlich anmutenden Städtchen Süddeutschlands und die Aspekte der Weltstädte und Großstädte im Norden. Nicht die Einzelheit an sich ist ausschlaggebend, sondern ihr Bezug auf das große Ganze. Wer die Klosterkirche von Birnau vermißt, der mag sich an die Wieskirche halten. Der Harz vertritt den Thüringer Wald mit. Die Ballung riesiger Städte im Rhein-Ruhr-Gebiet verlangt Beispiele, aber nicht eine lückenlose Reihung. Das Thema heißt Deutschland. Wenn bei einer zwei- oder dreifachen Anzahl von Schwarzweißfotos (im ersten Deutschland-Band des Umschau Verlages) die Überlegung mitwirken durfte, daß eine besonders reiche Auswahl ein besonders getreues Bild ergeben kann, so ist hier die Hoffnung gewiß berechtigt, daß — um die Dimension der Farbe bereichert — nun weniger für mehr steht und daß die gesteigerte Eindruckskraft jedes einzelnen Bildes entschädigt für vielleicht hier oder dort vermißte Motive. Weil die Verhältnisse in unserem geteilten Vaterland es bedingen, muß der Betrachter ohnedies den schmerzlich kargen Anteil an Bildern von jenseits der Zonengrenze als stellvertretend für nicht Beizubringendes ansehen. Entscheidend für alle Auswahl waren der Charakter, die über das einzelne Motiv hinausweisende Verbindlichkeit, die Stellvertretungskraft der Lichtbilder.

Die Dimension der Farbe — davon wäre noch ausführlich und unter verschiedenen Aspekten zu sprechen. Denn die Möglichkeit, an Stelle eines Schwarzweißfotos ein farbiges herzustellen, ist zwar an technische Vorgänge gebunden, bleibt aber nicht auf sie beschränkt.

Die Entwicklung, welche die Farbfotografie in den letzten fünfundzwanzig Jahren genommen hat, nachdem die ersten Farbemulsionen Aufregung und Staunen hervorriefen, haben viele nicht für möglich gehalten. Das Filmmaterial in erster Linie, dazu Objektive, Farbtemperaturmesser, Entwicklungsmethoden und anderes mehr — sie sind heute respektable Bestandteile eines durchgearbeiteten, hervorragend funktionierenden Systems. Aber um die technisch korrekte, schlicht realistische Objektabbildung (die anfangs, wenn sie erreicht wurde, für sich bereits eine Sensation darstellte) geht es heute nicht mehr. Seit die technischen Voraussetzungen kein Problem mehr darstellen, hat auch das farbige Lichtbild einen anspruchsvolleren Sinn erhalten und sieht sich zusätzlichen gestalterischen Gesichtspunkten und Gesetzen unterworfen. Denn Farbe ist symbolkräftig, ist Wert an sich, atmet Temperament, ja Temperatur aus; sie intensiviert, vertieft, vermehrt, spricht das Naturell unmittelbar, das heißt auch *ohne* Motiv an und setzt, da es sich ja um mehr-farbige Bilder handelt, ein Vielfaches an Differenzierungsvermögen, Geschmack, Komposition (und Gunst der Stunde!) voraus — gegenüber dem, was ein Schwarzweißbild erfordert.

Was aber wäre denn nun ein *Bild* im Sinne der Farbfotografie? So wird mancher fragen. Und auch hier würde man — wie ein Maler etwa — zunächst negierenden Bescheid geben und sagen, daß es kein platt realistisches Abbild sein dürfte — oder doch: nicht solches allein. Da die moderne Malerei vorwiegend abstrakt ist (und dementsprechend auch farbig sehr sparsam arbeitet) und da die „überhöhende Wiedergabe" vorgegebener gegenständlicher Motive und Themen so gut wie völlig aus der Mode gekommen ist, könnte eine künstlerische Farbfotografie dort einspringen, wo die Malerei freiwillig abgedankt oder doch Verzicht geleistet hat. Solche

„Ablösung" findet ja, sehen wir nur genauer zu, laufend statt, ohne daß man sie sofort mit einer Wertung verbinden müßte. Auch der Film hat sich zu einer selbständigen Kunstgattung entwickelt, obwohl er zunächst nur fortlaufend fotografiertes stummes Theater zu sein schien. Als er den Ton dazuerwarb, gab er leider manches von dem wieder auf, was er als selbständig gewachsene Kunst entwickelt hatte. Auch die Farbe, die er später noch hinzuerwarb, hat daran wenig geändert. Das erscheint logisch, weil Farbe, wenn sie wirklich Körper und Kontur gewinnen will, statuarisch eingebettet sein muß. Da sie selbst — wie ein Fluß in seinem Bett — Bewegung und Leben, Kraft und Ausstrahlung ist, scheint es eigentlich widersinnig, die Bewegung noch zu bewegen. Darum macht der Farbfilm als *Spiel*film leicht den Eindruck eines überzuckerten Hochzeitskuchens. Als *Dokument* dagegen — wenn also nicht Spielhandlung, sondern Statuarisches oder doch Bildhaftes eingefangen wird — kann er von hohem Reiz sein. Ähnlich wie die unbewegte, zum *Bilde* verdichtete Farbaufnahme, die mit der Eroberung neuer technischer Fertigkeiten aus dem Stadium realistisch kopierender Dokumentation heraus- und hinüberwächst in die Bemühung um künstlerische Gestalt.

Es findet sich in diesem Band eine Reihe von Aufnahmen — ich denke an das Kirchlein „Kappl" in der Oberpfalz, an die frostklare „Reiteralpe" oder den flirrenden Neonzauber des Bildes „Kurfürstendamm", aber auch an die farbglühende Rhönlandschaft —, die man nicht betrachten kann, ohne hier an romantische, dort an realistische, aber auch impressionistische oder sogar expressionistische Maler erinnert zu werden, die ähnliche Motive mit ähnlichen Farbwerten auf die Leinwand brachten. Es versteht sich von selbst, daß ein solcher „Wettbewerb" nicht Trachten und Ziel der Farbfotografie sein kann; die erwähnte Annäherung will nicht als Unterstellung einer Absicht, sondern als behelfsmäßiger Maßstab gewertet sein. Diese neue, verfeinerte und vertiefte Art, die Dinge zu sehen und in ein neues farbiges Licht zu setzen, muß ihre eigenen Gesetze erst noch entwickeln und befolgen. Es wird nicht zuletzt von den Ansprüchen, die man an sie stellen wird, abhängen, ob sie sich damit begnügt, die überkommenen bunten Kalender-Klischees abzulösen, oder ob sie in Richtung auf „das Bild an sich" weiter in die Zone des Künstlerischen vordringt. Freilich wird man sich immer wieder ins Gedächtnis rufen müssen, daß ein farbfotografisch gelungenes und ästhetisch schönes Bild ein Zusammentreffen so vieler günstiger Umstände (Wetter, Beleuchtung, Jahreszeit, Statisterie usw.) erfordert, daß die Talente des Fotografen beinahe auf das Ansehen einer bescheidenen Mitgift herabzusinken scheinen könnten. (Vor allem die schwierigen und unsicheren klimatischen Bedingungen in Deutschland könnten solchen voreiligen Schluß nahelegen.) Ohne die Gunst der Stunde, den gnädigen Augenblick, kann auch der beste Fotograf nicht zu einem geglückten Landschaftsbild kommen. Wäre dies nur eine Frage der hochentwickelten Technik, so hätten die Bearbeiter dieses Bandes nicht Tausende von Dias und Papierbildern sichten müssen, um die hier vorliegende begrenzte Auswahl zu treffen.

Was nämlich der gewöhnliche Sterbliche, der entzückt in einer blühenden Wiese oder sonst einer farbenprangenden Landschaft ein köstliches Motiv und — bei strahlend blauem Himmel dazu! — eine einmalige

Gelegenheit für ein Farbfoto erkennen möchte, nicht bedenkt, ist dies: daß zwischen der Kamera (plus Film) und dem menschlichen Auge ein entscheidender Unterschied besteht. Jene ist ein sachlich reflektierendes, chemischen und physikalischen Gesetzen gehorchendes Werkzeug, dieses aber ein Organ nicht nur unseres Wahrnehmungs-, sondern auch unseres Vorstellungsvermögens — ein Organ also, das subjektiv reagiert, bestechlich ist, ja geradezu ein Instrument der Selbsttäuschung werden kann.

Der „Normalmensch", der nicht — wie der Künstler etwa — ein besonderes Talent, eine hochentwickelte Sensibilität besitzt und keinerlei gewissenhaftes Studium der Erscheinungswelt und ihrer Farben hinter sich hat, unterliegt in seiner Vorstellung von den Farben einer Landschaft häufig einer Art unterbewußter Konvention. Schnee ist für ihn ein für allemal weiß, die Wiese grün, der Himmel blau. Überrascht stellt er dann fest, wenn er seine Lieben zwischen Bäumen aufgenommen hat, daß sie grüne Gesichter haben — oder auch krebsrote, wenn sie unter einem solchen Sonnenschirm saßen. Hat er die Ursache dieser Farbtönungen — Bäume oder Sonnenschirm — nicht mit ins Bild genommen, kommt dieser widernatürlich anmutende Eindruck zustande. Hat er sie aber einbezogen, so wird aus dieser „Fehlerscheinung", diesem Farbstich, ein plausibles Phänomen. Und von dieser Art gibt es eine Reihe von Geheimnissen und Regeln, die der Farbfotograf für sich entdecken und beherrschen muß, um das unendlich variable, subtile und gefährliche Spiel der Farben unter immer wieder wechselnden Bedingungen und Einflüssen zu durch-schauen und den reizvollsten Moment — Lessing nannte ihn den *fruchtbaren* Moment — dieses Spiels zu fixieren.

Denn was unser Auge begeistert als wohltuend frisches Grün zu erkennen glaubt, kann sich auf dem Farbfoto als unerträglich giftig und abstoßend ausnehmen. Der vielgerühmte wolkenlose Himmel „überbläut" alles, was sich unter ihm befindet, auf eine oft unerträgliche Weise, und die herrliche Sonne im Zenit, die die Konturen zu schärfen schien, löscht in Wahrheit alle Plastik und Nuancierung aus. Unsere Augen, die das auch wahr*nehmen*, wollen es nicht wahr*haben*; sie nehmen es nicht an, weil es ihrer Vorstellungskonvention widerspricht. Und so, wie sie auf der einen Seite „hinwegdenken", geschieht es auf der anderen wiederum, daß sie „hinzudenken" — etwa bei jenen weiten Landschafts-Panoramen, die das illusionär arbeitende Auge berauscht umfaßt, ohne daß Kamera und Film diesem Augeneindruck jedoch ein gleichwertiges Resultat an die Seite zu stellen vermögen.

Die Aufnahmen dieses Bandes stammen in ihrer Mehrzahl von einer vorerst noch kleinen Schar von Männern, die auf ihren Reisen und Streifzügen *Bilder* zu erarbeiten suchen, die den technischen und gestalterischen Gesetzen farbiger Fotografie entsprechen und darüber hinaus der Forderung gerecht werden, charakteristisch zu sein für das Ganze oder für eine Motivgruppe, aus der sie ein stellvertretender Teil sind. Es ging hier also keineswegs darum, Aufnahmen von jener Art zu sammeln, wie sie zahlreich in Fotozeitschriften zu finden sind: mit interessanten Überschneidungen oder Lichteinfällen, im Gegenlicht oder mit unwirklich-originellen Farbeffekten — Aufnahmen, die ihr Recht haben und verdienstvoll sind. Hier ging es darum, dem Thema *Deutsch-*

land zu entsprechen, vor allem aus seiner Landschaft, seinen Siedlungen großstädtischer und intimer Art, seinen unverwechselbaren Bauwerken heraus. Darum ähnelt dieser Band einer Anthologie, die nicht summarische oder arithmetische Vollzähligkeit anstrebt (ein Ziel, das ohnehin unerreichbar wäre), sondern atmosphärisch und gestaltlich kennzeichnende Beispiele aufführt, *Beispiele* eben im Sinne des *Spielens* um ein großes Thema herum, im Sinne der Variante, der Paraphrase. Darum sind Bilder, die reine „Ansicht" vermitteln, in diesem Buch in der Minderzahl. Was Toni Schneiders, Heinz Müller-Brunke, Carl Ludwig Schmitt, Hans Hartz und etliche andere, Amateure wie Berufsfotografen, nach jahrelangem Bemühen beisteuerten, wollte nicht Äußerliches, sondern Wesentliches erfassen.

Die Zeit eines flachen, wortreichen Patriotismus ist vorbei. Das Selbstbestimmungsrecht der Völker, das für eine Reihe von jungen und naiven Völkern in einer flüchtigen Weltstunde in Kraft trat, ist — mehr als zwanzig Jahre nach dem Ende des ebenso unseligen wie törichten Zweiten Weltkrieges — noch immer nicht für Deutschland Recht geworden. Kurzfristige Spekulationen sind darum ebenso billig wie überflüssig. Wir können zur Zeit und auf absehbare Frist nichts Besseres tun als unermüdlich dokumentieren, daß es — dem *Wesen* nach — nur eine Art von Deutschland gibt. Für dieses Deutschland will auch dieser Band Dokument sein.

Rudolf Hagelstange

9

Verzeichnis der Abbildungen

Chiemsee · *Februarsonne über der Fraueninsel*

Zwischen Inn, Traun und Salzach — noch nicht Österreich, nicht mehr ganz Bayern — liegt der Chiemgau und in seiner Mitte etwa der Chiemsee mit den Inseln Herrenchiemsee und Frauenchiemsee. Über der „Frauen- insel" steht die Februarsonne, und ein Ortskundiger könnte sich ausrechnen, daß es gegen halb 11 Uhr vor- mittags sein und der Fotograf unserer Aufnahme sich etwa in Gstad postiert haben dürfte. Der Himmel ist tiefblau, das Jahr steigt, und wenn es auch noch eine ganze Weile „steigen" muß, bis dem Lichte auch die ersehnte Wärme entströmt — der Silberstreifen am Horizont läßt hoffen.

Der „Silberstreifen" — an sich eine politische Redewendung aus den zwanziger Jahren — hat, auf den Chiem- see bezogen, wohl allezeit Gültigkeit, soweit nicht gerade eins der gefürchteten Unwetter den Himmel ver- finstert. Das Licht über dem Chiemsee nämlich scheint, selbst an zwielichtigen Tagen, aus hauchfeinem Silber gewirkt, das etwas Unirdisches, Österliches an sich hat, wie es die anderen bayerischen Seen oder der Boden- see nicht kennen. Von allen bayerischen Gewässern ist der Chiemsee das „unbayerischste". Hier spielt wohl das Salzburgische mit, sowohl das atmosphärische wie das geistliche. Daß man im Klimatischen der Mozart- stadt näher steht als München, kann jeder auf der Landkarte ablesen. Daß aber die Salzburger Erzbischöfe seit dem 13. Jahrhundert die geistlichen Herrscher des Chiemgaus und Reichs- und Landesfürsten neben den bayerischen Herzögen waren, muß man hinzulernen.

Der Chiemgau ist also ein „Zwischen" seit langem, und nicht nur der Salzburger Erzbischöfe wegen. Durch den Salzhandel ist man sich hier früh über die Grenze hinweg nähergekommen, und auch in den Kunst- schöpfungen des Chiemgaus ist die Nähe Salzburgs zu spüren — wenn man vom Schloß Herrenchiemsee ab- sieht, das man nicht zu Unrecht das Petrefakt eines Königstraums genannt hat und das mit seiner Versailles nachgeahmten Überpracht einem kritischen Betrachter wohl zum Alptraum werden kann.

Ganz das Gegenteil, ein Ort der Beschaulichkeit und des Maßes, ein aus dem Geist der Landschaft gewach- senes Eden, ist Frauenchiemsee, auch einfach Fraueninsel genannt, nach dem Kloster eben, das einst eine fromme Kaiserstochter im 9. Jahrhundert gründete und das als geistliche Mitte des Wallfahrtsortes gelten darf. Daß sich um diese, von den gleichen frommen Frauen betreut, auch eine weltliche, gastliche Peripherie gebildet hat, erhöht den Reiz des Platzes und betont seine Eigenart. Was sich an Handwerk, Handel und weltlichem Treiben um das Kloster herum abspielt, hält sich in erträglichem Rahmen. Am schönsten aber tritt der Charakter des idyllischen Wallfahrtsortes am Fronleichnamstag in Erscheinung, wenn die Ufergemeinden ihre geschmückten Boote und Kähne in farbenprächtiger Seeprozession nach Frauenwörth entsenden. Dann feiern Himmel und Erde, Frömmigkeit und Augenfreude, Seele und Leib ihr schönstes Fest.   *R. H.*

LAKE CHIEMSEE in February. The largest of the Bavarian Lakes, it is situated at the foot of the Alps. The small Fraueninsel, an island, is the site of a nunnery founded in the 9th century.

LE LAC CHIEMSEE, sous un soleil de février. Au pied des Alpes s'étale le plus grand des lacs bavarois. La petite «île des femmes» (Fraueninsel) doit son nom à un couvent, du IXᵉ siècle.

Unser Auge weidet sich an einem Gebirgsstock, der Reiteralpe — oder im Volksmund auch Reiteralm — genannt wird. Linker Hand, in der Senke vor dem dunklen Anstieg, verläuft die Grenze nach Österreich. Das erste Gipfelpaar sind die Mühlsturzhörner, die glockenartige Kuppe ist das Wagendrischlhorn; der Anstieg dann erreicht das Hohe Gerstfeld und später — vom Gezweige fast verdeckt — den Edelweißlahner. Der ganze Stock gehört zum Berchtesgadener Land, das reich ist an voralpinen und alpinen Formationen. Sein südlicher Teil ist ausgesprochenes Felsland mit jähen Wänden und Kanten und kühnen Hörnern, ein in unseren Tagen von Sportkletterern — oder Klettersportlern — besonders bevorzugtes Gelände. Im Norden des Berchtesgadener Zipfels dagegen finden sich neben Krummholzbeständen auch herrlicher Baumwuchs — vor allem Zirben —, Wiesenland und Almflächen.

Der Volksmund hat wohl vor allem diesen Teil im Auge, wenn er der Alm vor der Alpe den Vorzug gibt; denn es hat eine Zeit gegeben — etwa zwischen 1780 und 1830 —, in welcher die Almwirtschaft auf der Reiteralpe in höchster Blüte stand. Damals sollen mehr als 140 Almen, Sommerweiden für das Vieh aus den Tälern, betrieben worden sein, im Anschluß an die ursprünglichen klösterlichen Lehen, die vererbbarer bäuerlicher Besitz waren. So hatte es schon 1377 ein Landbrief bestimmt; aber seitdem sind bald sechs und seit der Blütezeit bald anderthalb Jahrhunderte vergangen, und nicht der Mensch, sondern die Natur hat neue Gesetze erlassen, Gesetze, die gegen die Almwirtschaft sind.

Durch zunehmende Verkarstung und Vermurung nämlich wurden die alten fruchtbaren Almböden nach und nach zerstört und unfruchtbar gemacht. Regen und Schmelzwasser lösten den Kalkstein auf, und was einst fettes Gras, Kräuter und Blumen trug, versteppte und verödete mit den Jahren und Jahrzehnten. Die Alm wurde zur Alp.

Das bringt uns keineswegs in Milch-Not, denn Milch haben wir heutzutage mehr als zur Blütezeit der Almenwirtschaft, weil wir auch in diesen Bereichen rationeller und ökonomischer zu wirtschaften gelernt haben. Aber sicher war das Wandern auf der Reiteralm in alten Zeiten gemütlicher und einladender, als es die Kletterpartien an der Reiteralpe (im südlichen Teil) sein dürften. Das winterliche Panorama freilich, so wie es sich heute dem Skiläufer bietet, wird sich in Jahrhunderten kaum verändert haben. Der Schnee kleidet ja Fruchtbares und Unfruchtbares in ein Festgewand.   R. H.

THE REITER ALPE near Berchtesgaden is a favorite skiing area. During the summer months when cattle graze on the lush green meadows, this easternmost part of the Bavarian Alps is besieged by mountain climbers.

LA REITER ALPE, près de Berchtesgaden. Les alpages, où broute pendant l'été le bétail venu des vallées, sont devenus de nos jours un paradis pour les skieurs.

Tegernsee · *Blick auf Rottach-Egern und den Wallberg*

Es hat einmal jemand den Stoßseufzer getan: „Man soll halt nicht in einer ‚Gegend' wohnen!" Der dies sagte, lebte am Tegernsee, lange schon, ehe die Invasion der Stadtmüden begonnen hatte — und diese war es, die ihm seine schmerzliche Bemerkung entlockte. Daß der Zitierte — weder Hypochonder noch Menschenfeind — seine Ruhe am Tegernsee nicht mehr finden sollte, kann man sich kaum vorstellen, wenn man sich vom Frühsommeratem unseres Bildes überwehen läßt. Da ist alles vorhanden, was zur Idylle gehört: blühende Wiese, schimmernde Seefläche, ein sacht hintreibendes Boot, ein verträumtes Dörfchen mit nadelspitzem Kirchturm vor der Kulisse der Berge, und darüber der vielgerühmte bayerische Himmel. So weit, so gut und schön. Aber Idyllen sind heute zur Sehnsucht vieler geworden — man kauft sie nach Quadratmetern und zu saftigen Preisen ein. Man glaubt sich damit ein Stück irdischer Seligkeit erworben zu haben. Leider glaubten das auch die anderen, und so ist aus der Idylle allgemach ein fashionabler Treffpunkt geworden.

Aber auch das ist gewissermaßen Tradition hier, wie so vieles in Bayern. An den Ufern des Tegernsees hat sich schon in der Mitte des 8. Jahrhunderts die damalige Avantgarde weltoffenen Denkens, der Benediktiner- orden, ein Refugium im Tegernseekloster geschaffen, und als dieses 1803 säkularisiert und zum Teil sinnlos zerstört wurde, ließ sich der erste Bayernkönig, Maximilian Josef, ein klassizistisches Schloß daraus bauen, um dort den größten Teil des Jahres zu verbringen — auch er offenbar stadtmüde. Erwähnt sei noch, daß in Rottach-Egern (im Hintergrund unseres Bildes) Ludwig Ganghofer und Ludwig Thoma gelebt haben und be- graben liegen. Wer von Ganghofer lange nichts mehr gelesen hat, der kennt sicherlich zum mindesten ein paar der scharfen Satiren des „Urbayern" Thoma oder eines seiner glänzend gebauten Stücke, die sich nach Jahren halber Vergessenheit nun den Fernsehschirm erobert haben.

Doch genug von dem, was sich am und um den Tegernsee „tut". Wer zu den Glücklichen gehört, die noch ein „Gespür" für eine intakte Landschaft haben, der umgeht Zeiten und Orte der Hochkonjunktur und sucht sich in den von Vogelrufen durchtönten Riedwiesen angesichts der im Abendlicht verdämmernden Berge ein Stück inniger, noch nicht „erschlossener" Idylle. Er wird es finden. *W. M. S.*

TEGERNSEE. The numerous lakes at the foot of the Alps add to the charm and beauty of the Bavarian country- side that surrounds the city of Munich. View of the Tegernsee, with Rottach-Egern and the Wallberg.

TEGERNSEE. La Bavière, avec ses nombreux lacs au pied des Alpes, possède un parc national luxuriant. Aux portes de Munich: Vue sur Rottach-Egern et le Wallberg, surplombant le lac Tegern.

Im Chiemgau · *Kloster Höglwörth*

Das ehemalige Augustiner-Chorherrenstift Höglwörth dürfte eines der schönsten und zugleich verstecktesten Wegziele sein, die einen Wanderer im östlichen Chiemgau locken können. Es liegt näher an Salzburg als an Traunstein, abseits der Bahnlinie, noch eben weit genug ab von der Autobahn — in einer Mulde, in der ein kleiner See und die den Klosterbau umgebenden Häuser gebettet sind. So nahe an der Grenze und so gut im Talgrund verborgen, von den umgebenden Hügeln abgeschirmt, am Fuße von Hochstaufen und Teisenberg gelegen, atmet der Platz Ausschließlichkeit. Erst wenn das Auge oder die Kamera ihn in seinem heimlichen Reiz aufgespürt hat, wird das verschwiegen Schöne beredt. Eine unhörbare Melodie scheint aus der Landschaft aufzusteigen zu den Bergmassiven, zurückzukehren von dort, sich — wie Chorgesang — zu stufen, sich zu verschlingen, aufzulösen und sich wieder zu vereinen zu strahlendem, aber zartem Akkord. Ein Akkord, der an ein Cembalo erinnert, denn das Licht im Chiemgau ist oft gedämpft, von silbriger Beschlagenheit. Salzburg ist nahe, die Berge sind Wolkenfänger, und auch an Grundwasser mangelt es hier nicht. Aber gerade diese Verhaltenheit des Lichtes gibt dem Ort an einem schönen Tag seinen eigentümlichen Zauber.

Höglwörth ist heute ein vorwiegend profaner Ort, sofern solche landschaftliche Schönheit überhaupt profan sein kann. Das Chorherrenstift wurde vor bald 150 Jahren aufgelöst, nachdem es fast sieben Jahrhunderte lang den Augustinermönchen als Kloster gedient hatte. Heute lädt ein Klostergasthof — das Stift ist jetzt Eigentum eines Brauereibesitzers — Gäste und Reisende zu den Freuden einer schmackhaften Mahlzeit und eines erfrischenden Trunkes. Aber auch die Seele kann ihren Schmaus halten: in der schönen Klosterkirche, einem Barockbau aus dem 17. Jahrhundert, dessen Prunkstück die ganz in Gold und Weiß gehaltene Kanzel ist, der sich eine Reihe weiterer „Sehenswürdigkeiten" intimeren Stiles — geschnitzte Schränke, bemalte Holzfiguren, die Grabdenkmäler im Klosterhof und anderes mehr — hinzugesellen.

Man kann von Höglwörth aus in einer guten Stunde den großen Marktflecken Teisendorf erwandern oder in einer knappen das reizvolle Anger, in welchem Ludwig I. das „schönste Dorf in Oberbayern" erkennen wollte — jeder Aufbruch von solchem Orte variiert noch einmal, wie ein ganz entferntes Echo, das uralte Thema von der Vertreibung aus dem Paradiese. *R. H.*

Höglwörth, situated among scenic, solitary Alpine foothills between Traunstein and Salzburg, is a fine example of Bavarian Baroque and was once an Augustine abbey.

Höglwörth, une construction du Baroque bavarois, est situé dans le paysage charmant et calme des contreforts des Alpes, entre Traunstein et Salzbourg. C'était autrefois un cloître de chanoines augustins.

Garmisch-Partenkirchen · *Blick gegen die Zugspitze*

Angesichts dieser Aufnahme sollte man versuchen, die geläufigen Vorstellungen zurückzudrängen, die sich bei der Nennung des Namens Garmisch-Partenkirchen unweigerlich einfinden: „Großkampfstätten des Wintersports" ... „Sommerfrische von internationalem Ruf" ... „Rendezvous der Prominenz" — und wie sie alle heißen mögen. Man sollte vergessen, daß diese Landschaft, die sich hier wie in einem magischen Spiegel zeigt — halb ein in den Fluten der Nacht ertrunkenes Vineta, halb eine Kristalldruse, die aus dem Muttergestein hervorblitzt —, „erschlossen" ist bis zur Perfektion. Drei Zugspitzbahnen, Kreuzeckbahn, Wankbahn, Eckbauernbahn, Graseckbahn, Hausberg- und Kreuzwanklbahn ... Golfplatz, Tennisplätze am Hausberg, Tennisplätze am Rießersee, Tennisplätze am ..., Olympia-Bobbahn, Olympia-Eisstadion, Olympia-Skistadion mit drei Sprungschanzen und Platz für 80 000 Zuschauer ...

Für die einen beinahe etwas wie eine Kultstätte im Sinne der antikischen Körperkultur, für die anderen ein Anliegen im Sinne des Wortes „noblesse oblige" und für andere wiederum ein grandioser Ferienplatz mit reizvoller Bergkulisse — das alles sollte man für einen Augenblick vergessen, um sich dieser Vision aus Unendlichkeit, Urgestein und irdischer Herberge aufzutun. Was die Kamera hier gebannt hat, ist eine gültige Aussage über das Verhalten des Menschen vor der Natur. (Ihre perfekte Optik hat sogar als besondere Dreingabe zwei Sternbahnen eingefangen, die sich als zarte Striche aus Licht während der Belichtungszeit am rechten Himmelssaum und über dem Zugspitzmassiv abgezeichnet haben.) Es ist dabei unerheblich, daß diese beiden einstigen Bauerndörfer mit ihrer mittelalterlichen Geschichte im Handel zwischen Nord und Süd zum meistbesuchten deutschen Alpenkurort geworden sind — unerheblich, daß nun manche der stillen Dorfgassen zu Avenuen von gleitenden Lichtern geworden sind. Es bleibt das eine: Der Mensch siedelte sich unter den drohenden Riesen bescheiden und in der Hoffnung an, daß es ihm hier wohlergehe.

Droben steht die Nacht. Drunten regt sich Leben hinter erleuchteten Fenstern. Einstens klangen hier nur Herdengeläut und der Ruf der Glocken aus dem Kirchturm, heute sind mit den vielen Besuchern auch die Klänge unserer Zeit eingezogen. Aber was ist verändert? Nichts — aus der Perspektive dieser nächtigen Schroffen gesehen. Nichts — aus der Perspektive der über das Firmament hinwandelnden Weltkörper gesehen, die zu erreichen des Menschen Lust und Qual ist ...   *W. M. S.*

GARMISCH-PARTENKIRCHEN. This fashionable international resort town is surrounded by craggy peaks and lies at the foot of the Zugspitze, Germany's highest mountain (10,000 ft.).

GARMISCH-PARTENKIRCHEN. Au pied du massif grandiose de la Zugspitze, montagne la plus haute d'Allemagne (2966 m), on découvre une station climatique internationale ... et, tout près, le calme du monde alpestre.

Der Weißensee im Allgäu

Über die saftigen Wiesen des Allgäu,
das wegen seiner Viehzucht berühmt ist,
schweift der Blick zu den Lechtaler Alpen
an der Tiroler Grenze.
Im Hintergrund die Stadt Füssen.

THE WEISSENSEE IN THE ALLGÄU. View over
the rich pastures of the Allgäu,
famous for its cattle and dairy products,
with the Lechtal Alps rising in the back.
The town of Füssen is seen in the background.

LE WEISSENSEE DANS L'ALLGÄU. Au-delà des
riches prairies de l'Allgäu, connu pour
l'élevage du bétail, le regard s'étend
jusqu'aux Alpes de la vallée du Lech, à la
frontière tyrolienne.
Au fond, la ville de Füssen.

Bei Füssen · *Kirche St. Koloman*

Wiesenkirchen wie dieses St. Koloman bei Füssen sind charakteristisch für die bayerische Landschaft. Hier ist angesichts der Berge kein Himmelansteigen am Platze. In stiller, demutvoller Bescheidenheit schmiegen sich Kirchen und Kapellen in die Täler unter den jäh sich auftürmenden Wänden. Sie erheben keinen Anspruch auf Monumentalität, sie sind Gotteshäuser, Wohnungen der Andacht, stille Einkehr-Orte, in denen eher die Hilaritas des Glaubens als die Contritio der alles menschliche Maß überwuchtenden gotischen Kathedralen beheimatet ist.

Der Bau, ein schönes Beispiel ländlichen Barocks, 1714 nach einem Bauvorschlag von Johann Schmuzer erstellt, liegt in einem sanften Wiesental am Fuß des Brandschrofens und des Tegelbergs, auf dem Weg vom Allgäuer Voralpenland nach Schwangau, wo freilich die Bauten Ludwigs II. eine ganz andere Welt repräsentieren als jene, die sich in diesem schlichten, schöngegliederten Bau spiegelt. Das Kirchenschiff, von fünf Lisenen unterteilt, schimmert wie ein Silberschmuck vor den ansteigenden Tannenwänden, die sich in den Schroffen der Berggipfel verlieren. Zwischen die schlanken Strebepfeiler sind die schmalen, hohen Fenster mit ihrem oben und unten abgerundeten Abschluß eingebettet, über denen eine zweite Reihe kreisrunder Fenster wie wachsame Augen über das Land blicken. Zart und kraftvoll zugleich erhebt sich der schlanke Turm auf seinem quadratischen Unterbau, der in der Höhe des Kirchenschiff-Giebels in seiner achteckigen Gestaltung die Ordnung der Fenster wiederholt, um in einer anmutig geschweiften, knaufgekrönten Zwiebel zu enden.

Im Frühling verwandeln sich die Wiesen, aus denen sich der Bau erhebt, in einen Teppich von Margeriten. Heiterkeit und stilles Selbstgenügen kennzeichnen diese Stätte, die St. Koloman geweiht ist, einem irischen Priester, der im Jahre 1012 auf der Wallfahrt zum Heiligen Land im österreichischen Stockerau als slawischer Kundschafter verdächtigt und vom Pöbel gehenkt wurde. Es hat sich die Legende erhalten, sein Leichnam habe mehr als ein Jahr unverwest am Baum gehangen. Er wurde schließlich ins Kloster Melk gebracht, wo St. Koloman als Landespatron Österreichs verehrt wird. Sein Tag ist der 13. Oktober — wenn die Bäume um das Kirchlein bei Füssen sich mit Herbstgold bedecken und der Himmel über den Lechtaler Bergen sich zum wunderbaren Blau des ausklingenden Jahres verklärt. *W. M. S.*

SAINT KOLOMAN NEAR FÜSSEN. This simple, beautifully designed 18th century pilgrimage church with its onion-shaped dome is typical of many churches in scenic Bavaria.

ST KOLOMAN, PRÈS DE FÜSSEN. Cette église du XVIIIe siècle, au style sobre et équilibré, avec son clocher en forme de bulbe, sise au milieu d'un ravissant paysage, est le type caractéristique de nombre d'églises rustiques bavaroises.

München · *Ludwigstraße*

Ein Millionendorf nennen die zeitgenössischen Münchner ihre Stadt, und in dieser Verbindung des Groß-mächtigen mit dem Ländlichen ist auf die einfachste Art von der Welt auf die besondere Eigenart Münchens angespielt: Gegensätze zu dulden und aufzuheben, geistig und volkstümlich, unternehmend und gemächlich zugleich zu sein. Dieser Zug, den Dingen ihre Spitze zu nehmen, geht durch alles Münchnerische, ob man an die das Stadtbild überragende Frauenkirche denkt, an die großzügige Weite der Ludwigstraße, die sich an der Feldherrnhalle dem Blick öffnet, wenn man aus der Enge der Theatinerstraße heraustritt, oder an die vielen „Zugereisten", die für immer in München Wurzel schlugen, an den sozialdemokratischen Bürgermeister dieser durch und durch katholischen Stadt, an die „Musica viva" und das Oktoberfest, an Schwabing und die große Fronleichnamsprozession — die Reihe freundlicher Gegensätzlichkeiten, mit denen die Stadt aufwartet, ließe sich noch ein gutes Stück fortsetzen. Es gibt kein gröberes Mißverständnis, als eine gelegentlich auftretende Föhn-Grantigkeit für bayerisches oder gar Münchner Temperament zu halten. München — das bezeugen die „Münchner" aus Nord- und Mitteldeutschland — ist eine liebenswerte Stadt. Ich meine, es sei die originellste und liebenswürdigste unserer großen Städte überhaupt.

Wer wüßte in wenigen Sätzen zu sagen, wie das alles zusammenhängt? Denn Zusammenhänge sind da mehr als genug zwischen solcher Atmosphäre und den Dingen, die sie bewirken oder fördern. Daß sich etwas vom nahen Süden meldet, geht nicht allein den reisenden Engländern auf. Und wenn es sich auch nicht gerade in einem Tessiner Frühling oder einem römischen Sommer ausdrückt — ein Schuß südlicher Sinnenfreude, leichteren Lebens und weltlicher Religiosität im Blute des Münchners sind unverkennbar. Wenn die Aufgeschlossenheit für alles Musische auch nicht als vordringlich bayerische Stammeseigenschaft ausgelegt werden soll — als Magnet zu wirken und Talente wie Liebhaber in solcher Fülle anzuziehen, ist schon Verdienst genug. Schwabing ist nicht Montmartre; dafür ist es kräftiger, eigenwüchsiger und nicht für die Fremden hochgeputscht. In München macht man nicht „in Literatur", in München wurde und wird Literatur geschrieben. Nicht minder Musik. Es wird hervorragend Theater gespielt. Und wie in keiner zweiten deutschen Stadt kann man Architektur studieren von der Gotik und Spätrenaissance bis zu den Ausläufern des Rokoko. Wer zu wägen versteht, was an Schätzen im Nationalmuseum, in der Alten Pinakothek und der Staatsbibliothek zusammengetragen ist, der läuft nicht Gefahr, den Genius zu verkennen, der diese Stadt beseelt. Sie trägt die Patina einer reichen alten Stadt und ist doch auf erfreuliche Weise jung geblieben. „München bedeutet Zusammenkunft" — so hat es vor mehr als 30 Jahren Hausenstein einmal formuliert, und das Wort hat seine Geltung behalten.   *R. H.*

MUNICH, the capital of Bavaria, a city of more than one million people, lies on the banks of the Isar River between the Danube and the Alps. Shown here the Ludwigstrasse, with the Frauenkirche (1468-88) to the right.

MUNICH. La capitale de la Bavière, sur l'Isar, entre Danube et Alpes, a plus d'un million d'habitants. Au premier plan la Ludwigstrasse, à l'arrière plan à droite l'église Notre-Dame (1468-88).

Wachstum, Blüte und Frucht großer Kunststile umfassen häufig weniger Zeit als die eines Menschenlebens. Ist eine Epoche einmal zum eigenen Ausdruck gereift und bereit, dann vollzieht er sich mit der eruptiven Kraft eines Naturvorgangs. Diese eruptive Kraft war es auch, die aus der winterlichen Erstarrung nach dem Dreißigjährigen Krieg den süddeutschen Barock aufsprießen ließ und ihn kennzeichnet. Seine Entwicklung vollzog sich in kaum mehr als vierzig Jahren vom Beginn des 18. Jahrhunderts bis zu dessen Mitte. Waren seine kühnen Schwünge anfangs noch von monumentaler Schwere gewesen, so läuterte und löste er sich gegen das Ende hin zur heiteren Leichtigkeit des Rokoko. Und hier nun setzt das große Orchester von Gold und Weiß, blumenzarten Tönungen, spielenden Stukkaturen, Girlanden und Arabesken zu einem Tutti ein, daß die Räume zu schwingen scheinen, in denen sich Erdenschwere in Licht und Duft auflöst.

Zu den schönsten Zeugnissen dieser Periode gehört die Wallfahrtskirche bei Steingaden, „In der Wies", die der Wessobrunner Baumeister Dominikus Zimmermann 1745-1754 erbaute. Sie liegt unweit von Oberammergau im Voralpenland zwischen Ammer und Lech, im „Pfaffenwinkel", wie der Volksmund das Gebiet wegen seiner zahlreichen Klöster nennt, am Fuß des Großen Trauchbergs, dessen Rhythmus sich in der Dachgestalt des Baus wiederholt. Auch hier finden wir eine ähnliche Fensteranordnung, wie bei der Wallfahrtskirche St. Koloman, aber die strenge Form der Langfenster und Oberlichter ist von delikaten Schwüngen aufgelockert, die schon etwas von der Formenseligkeit vorwegnehmen, welche den Besucher im Innern erwartet. Das Erlebnis dieses Raumes in Worte fassen zu wollen, käme dem Versuch gleich, ein musikalisches Erlebnis nacherzählend weiterzugeben. Es ist ein *theatrum mundi* und *aeternitatis* zugleich, in dem tänzerisch bewegte Evangelisten und Heilige ihre Lobpreisung sprechen, irdisch-dralle Putten durch das Blütengerank der Architektur schwirren; ein himmlisches Schauspiel aus Licht und Gegenlicht, spielenden Reflexen und zart verschwebenden Schatten — und ein irdisches zugleich, aus der volkstümlichen Vorstellung vom Reiche Gottes, aus naiver und zugleich aufs äußerste kultivierter Bildnerkraft geboren.

„Hier wohnt das Glück, hier kommt das Herz zur Ruh", hat der letzte Abt von Steingaden-Wies mit seinem Diamant in eine Fensterscheibe geritzt. Es ist die Rückkehr in die Unschuld der Paradieses. *W. M. S.*

THE CHURCH "IN DER WIES", not far from Oberammergau, built by Dominicus Zimmermann between 1745 and 1754, is a gem among the many lavishly decorated rococo churches in Bavaria. View towards the altar.

L'ÉGLISE «IN DER WIES», non loin d'Oberammergau, édifiée par Dominique Zimmermann en 1745-54, est un joyau parmi les églises somptueuses, style rococo, de la Bavière. Vue sur l'autel.

Passau · *Am Ufer des Inn*

Alle Städte, die an einem Strom oder Fluß liegen, haben ein besonderes Fluidum. Ob es der ruhige Gang der Seine durch Paris, der vorwärtsdrängende des Rheins bei Köln, der eilende Lauf der Aare durch Bern oder der kaum merkliche Trieb des Neckars durch Heidelberg ist — noch der kleinste Fluß kommt mit unhörbarer Nachricht aus der Ferne und trägt unausgesprochene weiter, zu anderen Orten, zu größeren Strömen und zum Meer. Wollte man aus allen Flußstädten diejenige erwählen, deren Gesicht und Wesen am augenfälligsten vom fließenden Element geprägt sind, müßte man Passau diesen Preis zuerkennen, weil es von zwei sich vereinigenden Flüssen — Inn und Donau — umflossen wird, in deren einen noch das dunkle Wasser der Ilz einmündet. Auf gleicher Höhe mischen sich die verschiedenfarbigen Wasser am Dreiflußeck, das sich wie die äußerste Spitze eines Keiles ausnimmt, auf dem die Stadt Passau steht. Alexander von Humboldt zählte sie zu den sieben schönsten Städten der Welt, und wer Passau kennt, wird auch ohne Humboldtsche Weitgereistheit und Welterfahrung sein Entzücken teilen.

Der einzigartige Ort hat schon die Römer verlockt, hier — auf dem Boden einer eroberten Stadtburg der Kelten — ein Lager zu errichten, Castra Batava, so genannt, weil seine Besatzung sich aus holländischen Batavern rekrutierte. Über die Abwandlungen Batavis, Batavia, Pazzova ist diese Namenswurzel auch im heutigen Passau noch enthalten. Nicht nur der Name mutet transalpin an. Wer an einem schönen Tag den Weg am Inn entlang zum Dreiflußeck wählt, wie ihn unsere Aufnahme weist, glaubt sich in Italien. Auch der Rathausplatz erinnert an eine Piazza. Die engen Gassen trifft man, wie sie italienischen Hafenstädten eigen sind — die ganze Atmosphäre mutet südlich an.

Seit mehr als 1200 Jahren residieren Bischöfe hier, und jede abendländische Kulturepoche hat in insgesamt 38 Kapellen und Kirchen ihre Stilproben abgegeben — als mächtigste und reichste wohl den Dom St. Stephan mit der Ortenburgkapelle, der sich der größten Kirchenorgel der Welt rühmen kann; als liebenswerteste die 1627 geweihte Wallfahrtskirche Mariahilf. In Passau trifft man Langobardisches und Böhmisches, italienischen Barock und französisches Rokoko, Wiener Klassizistik und altbayerisches Volkstum in gewachsener Eintracht beisammen. „Die schwimmende Stadt" ist reich an Schönheit, reich an Schätzen, reich an Mittlertum. Ein Deutscher, der sich zum Sterben legt, ohne Passau gesehen zu haben, hat eine unserer anziehendsten Städte versäumt. Er hat nur die geringe Chance noch, die ihm ein alter Spruch läßt: „So einer vom Himmel fiele, müßte er nach Passau fallen; denn dort ist es am schönsten." *R. H.*

Passau, at the confluence of the Danube, Inn and Ilz Rivers, near the Austro-German border, has been an influential bishopric since the 8th century. Shown here is a vista of the Inn River.

Passau est un fameux siège épiscopal depuis le VIIIe siècle, près de la frontière autrichienne, où se réunissent le Danube, l'Inn et l'Ilz. Vue sur la rive de l'Inn, rappelant presque l'Italie septentrionale.

Regensburg · *Luftbild der Stadt*

Wo die Fränkische Alb und der Bayerische Wald mit ihren südlichen Ausläufern in keilförmigem Schwung aufeinander zustreben, wiederholt die Donau diese Bewegung. Hier nimmt sie Nab und Regen auf, und in diesem geschützten Tal-Triangel entstand ein Gebiet, von dem Goethe 1780 sagte: „Die Gegend mußte eine Stadt hierher locken." Das haben zweifellos auch die Römer empfunden, als sie vor 2000 Jahren hier unter Kaiser Mark Aurel am Ort der alten Keltensiedlung Rathaspona eine feste Stadt entwickelten. „Woher diese alte und berühmte, deß Heil. Röm. Reichs freye und dem Bayrischen Crayss einige Statt ihren Namen führe, sind die Scribenten nicht einhälliger Meynung", beginnt Matthäus Merian in seiner Topographia Germaniae die Beschreibung der Stadt. „In den Tabulis wird sie Reginum, in der Notita Imperii aber Castra Regina, vom Wasser Regen, so daselbst unterhalb der Statt in die Thonau fleusset, geheissen; wiewohl etliche der Meynung, als sollte sie von Herzog Diethen in Bayern Gemahlin Regina, Reginbirg oder Reginsburgum seyn genanndt worden."

Sei es wie immer—aus zweieinhalbtausendjähriger Geschichte kann man wie an einem Orbis pictus die kulturelle Vergangenheit Deutschlands ablesen. Was die Chronik irgendeiner deutschen Stadt nur hergeben kann, ist hier beieinander: von den Kelten, den römischen Legionären über das Regensburger Interim, den „immerwährenden Reichstag", den die machtlosen deutschen Stände hier fast 150 Jahre lang abhielten (wer dächte dabei nicht an die Konferenzen unserer Tage!), bis zur Erstürmung der österreichisch besetzten Stadt im Jahre 1809 durch die Franzosen. Und doch hat sie ihr Gesicht nie verloren, auch heute nicht, da das Flugzeug über sie hinwegbraust und die im Volksmund besungene „Regensburger Kirchturmspitz" als dominierenden Akzent im Lichtbild einfängt. Der Dom St. Petri (1250-1870) ragt grauweiß aus dem Mosaik vielfach variierten Ziegelrots der Dächer. Selbst der neunstöckige, wehrhafte „Goldene Turm" duckt sich bescheiden am linken unteren Bildrand vor der Majestät des gewaltigen gotischen Kirchenbaus.

Große Namen tauchen in der Geschichte der Stadt auf. Albertus Magnus, seinen Zeitgenossen als Phänomen eines unfaßbar weiten Wissens der Magie verdächtig; Johannes Kepler, der 1630 nach Regensburg zum Reichstag kam und dort, von den Strapazen seiner Reise von Sagan her entkräftet, starb, ganz zu schweigen von den hohen Gästen der Kaiserherberge zum „Goldenen Kreuz", unter denen Karl V. und Don Juan d'Austria erscheinen. „... Und ist Gelegenheit, eine große Menge Volcks allhie zu erhalten, gar gut", sagt Merian. Der lebendige Pulsschlag der Stadt mit ihrem vielfältigen Wirtschafts- und Kulturleben (die „Regensburger Domspatzen" wetzen hier ihre Schnäbel zu schönstem Gesang) und der alljährliche Zustrom von Fremden beweisen es.   *W. M. S.*

REGENSBURG on the Danube, was founded by Celts about 2500 years ago. Its many medieval buildings and monuments testify to its long history. The cathedral was started in 1250 and completed in 1870.

RATISBONNE sur le Danube, est une fondation celtique. Cette ville, âgée de 2500 ans, est encore riche en monuments du moyen âge. La cathédrale commencée en 1250, ne fut achevée qu'en 1870.

Kloster Weltenburg · *Blick auf den Donaudurchbruch*

Es sind zwei Dinge: ob man einen Fluß oder Strom von einer Brücke aus sieht, von einer fahrenden Eisenbahn, aus der Perspektive eines Flugzeuges gar — oder ob man sich seiner Strömung anvertraut und ihn auf den Planken eines Schiffes oder in leichterem Fahrzeug ein Stück seines Weges durch die Lande und Länder begleitet. Einer der schönsten Ströme Europas ist die Donau, und nicht nur aus der Brückenperspektive von Regensburg, Wien, Preßburg oder Budapest. Eine uralte Wasserstraße, schon als Istros den Griechen bekannt, befahrbar damals bis zu den Riffen und Schnellen des Eisernen Tores, weit reger noch benutzt im 4. Jahrhundert, als Konstantinopel die Mitte des Römischen Reiches wurde, und meilenweit dann mit Transportschiffen bedeckt zur Zeit der Kreuzzüge im frühen Mittelalter. Wasserstraße und Völkerweg, Brücke hier und Grenze dort, von wechselnden Sprachen besungen — ein leuchtendes, immer breiter werdendes Band, durch Mittel- und Südosteuropa geworfen, von der Quelle bei Donaueschingen bis zum Delta am Schwarzen Meer. Auf diesem Wege fehlt es nicht an Engen und Durchbrüchen, an Bewaldung und Besiedlung, an Steppenhang und strahlenden Metropolen — der natürlichen und der von Menschenhand geformten Schönheiten sind viele. Zu den reizvollsten gehören einige Klöster am deutschen und österreichischen Ufer der Donau.

Wer sich in Ingolstadt in ein Boot setzte und treiben ließe, würde schon nach ein paar Stunden, etwa auf halbem Wege nach Regensburg, an den Durchbruch gelangen, den der Fluß in grauer Vorzeit durch das Felsmassiv des Jura erzwungen hat, und auf das Kloster Weltenburg treffen. Eben bricht zur Linken der Fels ab, da schiebt sich die Landzunge des auslaufenden Frauenbergs vor und bietet — wie auf der flachen Hand — den ausgedehnten Klosterbau dar, den von beiden Seiten das Wasser umzieht.

Schon sehr früh — um das Jahr 620 etwa — wurde hier durch den Abt Eustasius von Luxeuil eine Missionsstation gegründet, die Herzog Tassilo 140 Jahre später zur Abtei erhob. Seit dieser Zeit und über alle Zerstörungen und Verwüstungen der folgenden Jahrhunderte hinweg, durch Ungarneinfälle und Glaubenskriege hindurch, wurde hier immer wieder das Evangelium verkündet, bis ein bedeutender Abt, Maurus Bächl, in drei Jahrzehnten mit Hilfe der berühmten Baumeister Cosmas und Egid Asam Kloster und Kirche durchgreifend erneuerte (1713-43) und zu jenem Bilde formte, das — besonders im Inneren, wo der Hochaltar zur Mysterienbühne wird — heute das Auge anzieht und entzückt. Mönche und geistliche Herren haben hier mit sicherem Blick einen jener anziehenden Punkte erspäht, an denen sie ihre Jakobsleiter anzusetzen pflegen.   *R. H.*

WELTENBURG. An oval abbey church (1713-43) with a magnificent interior was built at this beautiful spot on the Danube, southwest of Regensburg, by the brothers Asam, famous architects, painters and stucco artists.

WELTENBOURG. L'emplacement de l'église conventuelle, dans la vallée du Danube au sud-ouest de Ratisbonne, est d'une beauté particulière. Edifiée par les frères Asam, cette église (1713-43) se distingue par sa décoration.

Ein Blick in das Herz der berühmten Stadt der Fugger und Welser: in der Bildmitte das Rathaus, einer der schönsten Profanbauten Deutschlands, daneben der Perlachturm — hinter dem Dächergewirr der elegante Turm der großen Kirche Augsburgs, St. Ulrich und Afra — Sonne auf den anmutig-selbstbewußten Fassaden der Patrizierhäuser — und im Vordergrund einige der nach der Kriegszerstörung neu geschaffenen Bauten.

Es ist ein Blick in die Welt des großen Bürgertums, das hier im Schutze der Kirche und der Privilegien einer freien Reichsstadt zu einer sonst kaum gekannten Blüte gedeihen konnte. Wo Wohlstand herrscht, da gedeihen die Künste, und so war Augsburg nicht nur die Stadt der Fugger und Welser, der großen Kaufmannsgeschlechter des Mittelalters mit ihren Welthandelsplänen, sondern sie war zugleich Heimat und Wirkungsstätte großer Geister. Die Holbein wurden hier geboren, und auch die Familie Mozart ist aus Augsburg hervorgegangen, denn der gestrenge Vater des „Wolferl", Leopold Mozart, Subdirektor der erzbischöflichen Kapelle, war hier zu Hause. Es ist das fruchtbare Zusammenspiel geistlicher und weltlicher Macht und des schöpferischen Ingeniums, das Augsburg sein unverwechselbares Gesicht gegeben hat. Hinzu kam noch dank der Lage der Stadt und ihres weltweiten Handels die Verbindung mit Italien, die sich so fruchtbar für Augsburgs Kunst auswirkte. Diese schon damals erreichte „friedliche Koexistenz" offenbart sich auch im Beieinander des mächtigen Ulrichsmünsters und der kleinen, lieblich-bescheidenen evangelischen Ulrichskirche, die an jener Stelle steht, wo man über der Gruft der heiligen Afra schon im 6. Jahrhundert eine Kapelle errichtet hat. „Durch das zeitliche Feuer, das mir bereitet ist, erlöse mich von dem ewigen", überliefert die fromme Legende als ihren letzten Ausspruch. Er ist fast symbolisch, denn das „zeitliche Feuer" des gnadenlosen Bombenkrieges hat, viele Jahrhunderte später, der Stadt unermeßliche Stunden des Leides gebracht.

Über solche düsteren Reminiszenzen triumphiert die dem Leben zugewandte Schönheit der *„Splendidissima Augusta Vindelicorum"*, der Stadt, die bereits um 1600 ihre 44 000 Einwohner hatte und heute deren 212 000 zählt. Gar nicht zu zählen aber sind die Kostbarkeiten, die sie jetzt noch bringt — und auch ihr alter Unternehmungsgeist und ihr Weitblick, die sie berühmt gemacht haben, sind ihr geblieben. Die „Augsburger Pracht" ist sprichwörtlich geworden. Sie manifestiert sich am reinsten in der herrlich und zuchtvoll gegliederten Renaissance-Fassade des Rathauses (1615-20), einem Werk des Baumeisters Elias Holl. Wo sie aber in sanftem Wellenschlag verebbt, wie in der „Fuggerei", da atmet auch heute noch jene stille Welt emsigen und meisterlichen Schaffens, ohne die das Werk jener Großen, die ihre Stadt berühmt gemacht haben, nicht denkbar gewesen wäre. *W. M. S.*

AUGSBURG. Dominating the center of this busy city is the Town Hall built by Elias Holl between 1615 and 1620, and the Perlach Tower. Visible in the background is the church of St. Ulrich and Afra.

AUGSBOURG, 200.000 h., capitale de la Souabe bavaroise, est un centre industriel important. Ici l'hôtel de ville (Elias Holl, 1615-1620) se dresse près de la tour de Perlach. Au fond: l'église Saint Ulrich et Afra.

Ulm · *Die Donaufront*

Der alte Leinpfad entlang der Donau ist noch immer der gleiche geblieben. Sann hier vielleicht der berühmte Schneider Berblinger, nach Feierabend lustwandelnd, darüber nach, wie er, von seinem Flugtraum verführt, sich aus der winkligen Enge seiner Vaterstadt über die spitzen Giebel in die Weite der Landschaft aufschwingen könnte? Das war im Jahre 1811, fast tausend Jahre, nachdem die Stadt als königliche Pfalz zum erstenmal erwähnt wurde, und fast fünfhundert Jahre, nachdem der Grundstein zum weithin sichtbaren Wahrzeichen der Stadt, dem Münster, gelegt worden war.

Die Stadtmauer, unter welcher der alte Treidelpfad vorbeiführt, legt sich wie ein beschützender Arm zwischen die Donau und die Häuser, die ihre Giebel dem Strom zugewandt haben, der, von Blau und Iller gespeist, einer der bedeutendsten Wasserwege des Mittelalters war und den Ruhm der Stadt von der Nordsee bis zur Adria hatte verbreiten helfen. Aber darüber, über den Zeugen bescheiden in sich ruhenden Bürgerstolzes und reichsstädtischer Repräsentation, die wie eine beharrliche Begleitung unter der grandios hinflutenden Melodie des gotischen Bauhüttengedankens liegen, steigt das Münster auf. Diese Melodie mögen die Baumeister aus der Familie der Parler und nachmals Ulrich von Ensingen gehört haben, als sie darangingen, in der mächtigen Horizontale des Mittelschiffs das Strömen des Flusses zu wiederholen und im überwältigend ansteigenden Finale des Westturms ausklingen zu lassen.

Zahlen haben angesichts der Größe solcher in Stein gebannter Visionen stets etwas Prosaisches. Aber um einen Begriff von der schöpferischen wie handwerklichen Leistung dieser Bauplanung zu bekommen, sollte man sich vergegenwärtigen, daß das Gotteshaus mit seinem Mittelschiff von 42 Metern Höhe und 125 Metern Länge (und mit dem Turm, der, 161 Meter hoch, der höchste Sakralbau der Welt ist) 20 000 Gläubigen Raum bot. Und das in einer Reichsstadt, die zur Zeit der Bauentstehung kaum 9000 Seelen beherbergte! Im Münster zu Ulm verkörpert sich der Triumph gotischen Bauwillens. Klarer, reiner und subtiler findet er sich kaum irgendwo sonst verwirklicht. *W. M. S.*

ULM. Above the stately, old patrician houses on the banks of the Danube River rises the highest church spire of the world (528 feet). The Gothic Minster (1377-1890) is the pride of this former Imperial City.

ULM. Au-dessus des maisons patriciennes qui longent la rive du Danube, s'élève le clocher le plus haut du monde (161 m). La cathédrale gothique (1377—1890) est la gloire de cette ancienne «ville libre».

Oberes Donautal · *Blick von Schloß Werenwag*

Am schönsten ist es hier, wenn das Herbstgold der Hangwälder die hellen Kalksteinfelsen des Tals umspielt und die Donau sich im herbstlichen Dunst verliert — in der Weite der Höhenzüge, die sich wie Kulissen von beiden Seiten in wechselvollem Konturenspiel überschneiden. Aber auch der Spätsommertag, den unser Bild eingefangen hat, bestätigt die Kostbarkeit dieser Landschaft; im vollen Mittagslicht wird das geruhsame Tal beispielhaft für alle süddeutschen Wiesentäler, und der Strom — nächst der Wolga der längste Europas und zugleich der einzige unseres Erdteils, dessen Lauf von Westen nach Osten gerichtet ist — zeigt sich noch in Jugendgestalt und heiterer Frische. Von den östlichen Abhängen des Schwarzwaldes aus Brigach und Breg gespeist — „Brigach und Breg bringen die Donau zuweg" —, bahnt er sich in vielen eigenwilligen Kehren seinen Weg durch den Schwäbischen Jura. Es ist die zweite Probe, die seine Kraft zu bestehen hat; die erste legte er ab, als er sich durch das Gestein der Bar winden mußte.

Hier ahnt man noch nichts von den großen Ebenen, die den jungen Fluß dort erwarten, wo er ein mächtiger Strom sein wird. Hier herrscht ein dramatischer Kampf zwischen Gestein und Wasser, der die Landschaft bestimmt. Wo sich das Tal vor dem Städtchen Hausen erweitert, hat sich die Erzabtei Beuron angesiedelt, und wo die Felsen wieder unwillig den stürmischen Drang des jungen Stroms bewachen, hocken auf den höchsten, unersteigbar scheinenden Kuppen Burgen, Ruinen, Kapellen — wie die alte Burg Wildenstein, die Ruinen Hausen, Falkenstein und gebrochen Gutenstein. Hier leuchtet auch als heiterer Akzent das Schloß Werenwag über der Landschaft. Es ist die Stammburg des Minnesängers Huc von Werbinwac, der freilich nicht in gleichem Maß in die Literaturgeschichte eingegangen ist wie die großen Namen: etwa eines Heinrich von Morungen, Neidhard von Reuental oder Walther von der Vogelweide.

Später kam das Schloß in den Besitz derer von Zimmern, deren Chronik eine unerschöpfliche Fundgrube kulturhistorisch bedeutsamen Quellenmaterials ist. Heute gehört es zum Besitz der Donaueschinger Fürsten von Fürstenberg, ein Bau aus dem 11. Jahrhundert, dessen Räume sich im spielerischen Gewand des Rokoko präsentieren. Der Blick vom Schloß, den unser Bild eingefangen hat, zeigt nichts mehr von dem dramatischen Kampf, den die junge Donau bei ihrem Durchbruch zu bestehen hatte. Die unzugänglichen Felsklötze sind dahinten geblieben, nach stürmischem Anprall ist die Ruhe des gesicherten Wegs eingekehrt. Es ist wie ein gleichnishaftes Bild der Jugend, die sich gegen alle Widerstände ihren Weg in die Zukunft bahnt.   *W. M. S.*

THE UPPER DANUBE VALLEY cuts deeply into the Swabian Jura mountains between Tuttlingen and Sigmaringen. The river here flows through many deep canyons. View from Werenwag Castle.

LA VALLÉE DU DANUBE SUPÉRIEUR, entre Tuttlingen et Sigmaringen, s'incise profondément dans le Jura Souabe. Des falaises bordent le fleuve tout juste encore un jeune ruisseau. Vue du château fort Werenwag.

41

Der Bodensee · *Blick vom Pfänder gegen Lindau*

Es gibt zwei umfassende Blicke auf das Schwäbische Meer. Der eine ist der vom „Haldenhof" bei dem Fischerdorf Sipplingen nach Süden. Kurve an Kurve und Bucht an Bucht reihend, wirkt die Bodenseelandschaft hier wie ein mittelmeerisches Gestade, das an Frühlings- und Föhntagen die österreichischen und ostschweizerischen Alpen wie ein glitzerndes Geschmeide abschließen.

Den anderen Blick, von Süden nach Norden, zeigt unser Bild. Wer vom österreichischen Bregenz mit der Seilbahn den Pfänder erreicht hat, dem bietet sich eine Sicht von einmaliger Großzügigkeit: Am Rande der Seeseite verdämmert der Hegau mit seinen eigenwilligen, mäßig hohen Formationen; alles ist hier auf die große Horizontale gestimmt. Hier wie dort herrscht die Harmonie blaugrüner Wasserfläche, ständig wechselnder Luftstimmungen und Wolkenbilder, vom mittäglich blendenden Silberlicht bis zu den Kupfertönen der Sonnenuntergänge, die besonders im Herbst an Aquarelle Turners erinnern.

Über 62 Kilometer reicht die Sicht, welche die Kamera hier eingefangen hat, vom Bregenzer Ufer bis zur Stockacher Aach, die bei Ludwigshafen in das See-Ende mündet; zweiundsechzig Kilometer Wasserstrecke, gesäumt von einem Gartenland. Die römischen Kohorten müssen aufgeatmet haben, als nach ihrer mühseligen Kletterei über die Alpen hier am Lacus Brigantinus endlich wieder ein vertrauteres Klima sie grüßte. Wer hier lebt und sich von diesen bukolischen Gestaden zum Nichtstun verführen läßt, tut gut daran, ihnen den Rücken zu kehren. Viele der hier ansässigen Künstler haben diese Konsequenz mit Bedauern ziehen müssen. Aber die Bauern, die Fischer und Handwerker bleiben. Sie sind gefeit gegen die Unbill allzu gewaltsamer Schönheit in der Landschaft, die ihnen vertraut ist.

Auf unserem Bild herrscht der Herbst mit seinen Tönen von Gold und mannigfaltigem Grün. Betrachtet man die friedlich hingebreitete Weite, dann mag man sich kaum vorstellen, daß das Schwäbische Meer sich besonders im Herbst und Frühling gern auf seinen Namen besinnt und das kristallene Leuchten in stumpfes Bleigrau, die Idylle in wildbewegte Dramatik anrollender Schaumkronen verwandelt.

Noch ein Blick auf Lindau, die erste Horizontale unseres Bildes. Die Siedlung entstand um 1080, als der Markt des älteren, am Ufer gelegenen Äschach auf die Insel verlegt wurde. Von hier aus entwickelte sich ein reger Handelsverkehr, und die Stadt mit Leuchtturm, Hafenmole und altersgrauem Gemäuer demonstriert aufs angenehmste den mediterranen Charakter der Bodenseelandschaft. Lindau hat sich seit Jahrhunderten kaum gewandelt; ein gütiges Schicksal hat der Inselstadt den Raum vorenthalten, sich an das hektische Wachstum unserer Zeit zu verlieren. *W. M. S.*

LAKE CONSTANCE, bordered by Germany, Switzerland and Austria, is one of the largest lakes in Europe (204 square miles). Shown here is a view from the Pfänder Mountain toward the island city of Lindau.

LE LAC DE CONSTANCE, où convergent l'Allemagne, la Suisse et l'Autriche, est l'un des plus grands lacs de l'Europe (538 km²). Du mont Pfänder, le regard glisse sur l'île de Lindau.

Meersburg am Bodensee · *Das Alte Schloß*

Die Meersburg und der Bodensee — es ist seit längerem Gewohnheit geworden, mit diesem einen Punkt am Ufer des größten deutschen Binnensees eine Landschaft anzusprechen, die nicht nur reich an ähnlichen Ausblicken ist, sondern in vielen anderen, oft grundverschiedenen köstlich variiert. Das Ufer zwischen Bodman und Dingelsdorf etwa ist von reinstem Märchenwald gesäumt, der dicht und geheimnisvoll ist wie derjenige der Brüder Grimm. Das gegenüberliegende Ufer — zwischen Ludwigshafen und Meersburg etwa — ist offene Hügellandschaft, mehr und mehr besiedelt des lieblichen Panoramas wegen, das seinen höchsten Reiz wohl von der Klosterkirche Birnau aus verschenkt. Zwischen Meersburg und Lindau fällt die Landschaft bald ab und bezieht ihre Anziehungskraft aus der Uferlinie und, vor allem, dem gegenüberliegenden Gebirge, das sich bei Lindau zu einer imponierenden Kulisse — hier der Säntis, dort der Pfänder — verbündet. Das Schweizer Ufer wieder, das vor dieser Kulisse liegt (zwischen Konstanz und Rorschach), ist flach und ohne besondere Reize, wenn man von einigen Buchten und den Ausläufern der Appenzeller Hügellandschaft absieht. Aber dort gibt es noch Stille, ländliches Leben, unbebautes Ufer — Reize also, die kostbarer denn je geworden sind. Überlingen und Lindau sind schöne alte Kleinstädte. Konstanz und auch Bregenz haben ihre Sehenswürdigkeiten. Aber Meersburg ist das Mekka der Schaulustigen, der Nabel der Bodenseelandschaft.

Es fällt schwer, Orten, Einrichtungen, Menschen gerecht zu werden, denen sich, durch idealisierende Werbung auf den Weg gebracht, der Geschmack der Reisenden unserer Tage mit Nachdruck zuwendet. Daß Hunderttausende schön finden, was vor hundert Jahren Hunderte und vor vierzig Jahren Tausende schön fanden, macht Schönes nicht häßlich, aber Anziehendes dem Empfindsamen oft um einiges weniger liebenswert. Für mich war, an einem leuchtenden Septembertag des Jahres 1948, Meersburg das Tor, der Eingang in diese Landschaft. Wer vom Norden kommt, kann keinen glücklicheren Punkt wählen. Denn hier ist die Taille des Sees. Hier verrät er seine Figur. Hier ist der Säntis sichtbar, aber nicht beherrschend, der Überlinger See entweicht, aber der Blick hält ihn noch fest. Ich entsinne mich eines Fluges von München nach Zürich, bei dem wir den See genau über der alten Meersburg querten, und dies war der beglückende Augenblick, da ich einmal den ganzen See überblicken konnte.

Die Meersburg, auch Altes Schloß genannt — im Gegensatz zum Neuen Schloß, einer Barockresidenz des 18. Jahrhunderts —, war ein fester Sitz schon unter den fränkisch-merowingischen Herzögen und nach der Reformation lange Zeit Sitz der Bischöfe von Konstanz. Annette von Droste-Hülshoff, Deutschlands größte Dichterin, verbrachte in den Mauern der Burg, die unser Bild im Abendlicht zeigt, die letzten Jahre ihres äußerlich so stillen, doch von geheimen Kräften und Phantasien erfüllten Lebens.   *R. H.*

MEERSBURG, known for cozy little wine taverns, picturesque narrow streets and an age-old castle (which has remained unaltered since the 16th century), is a popular tourist town on Lake Constance.

MEERSBOURG. Cette petite ville sur le lac de Constance, avec ses ruelles et ses tavernes sympathiques, est très fréquentée des touristes. Le vieux château, tel qu'il se présente aujourd'hui, est du XVIe siècle.

Säckingen am Hochrhein · *Gedeckte Brücke und Fridolinsmünster*

Vielleicht hätte der Name des bescheidenen Städtchens am jungen Rhein, zwischen den Ausläufern des südlichen Schwarzwaldes und dem Schweizer Jura, nie seine Berühmtheit erlangt, hätte sich hier nicht im 17. Jahrhundert eine kleine „Affäre" zugetragen: die Liebesromanze des adligen Fräuleins von Schönau und des Säckinger Bürgersohns Franz Werner Kirchhofer. Auch diese Romanze wäre vielleicht als Hausgespenst im Schloß derer von Schönau lokalisiert geblieben, hätte nicht Victor von Scheffel sie aufgegriffen und aus ihr seinen „Trompeter von Säckingen" gemacht, ein echtes Kind der Romantik, das bei seinem Erscheinen in der Mitte des vorigen Jahrhunderts eine gewaltige Leserschaft zu Tränen rührte.

Ganz zu Unrecht, denn der Schauplatz dieser Idylle ist auch heute noch von hohem Reiz. Da spannt sich die aus dem 15. Jahrhundert stammende, 220 m lange gedeckte Holzbrücke (man denkt bei ihrem Anblick an Luzern oder Straßburg) vom deutschen zum Schweizer Ufer, umstrudelt von den Wirbeln des Stroms, der hier noch ungebärdig wie ein Wildwasser ist; da ragt das St.-Fridolinsmünster, in dessen Schatz die Gebeine seines Gründers, des Glaubensbotens Alemanniens aus dem 6. Jahrhundert, in einem köstlichen Rokoko-Reliquiar aus getriebenem Silber ruhen. Da duckt sich am Rheinufer der plump-drollige Gallusturm mit seiner Gnomenhaube, und im Park des „Trompeterschlößchens" schluchzen die Nachtigallen. Über die Auen- und Waldlandschaft ragen die Türme und Giebel des Städtchens und reden ihre eigene Sprache von Gewesenem. Und nicht zu vergessen: Säckingen hat sich als Textilstadt, in der besonders die Seidenweberei gepflegt wurde, bis in den Anfang unseres Jahrhunderts einen bedeutenden Namen gemacht, ganz abgesehen davon, daß es, begünstigt durch seine nach Norden geschützte und nach Süden weit geöffnete Lage, mit seinen Thermalbädern von alters her berühmt ist. Seine Obstgärten steigen an den Hängen des Schwarzwaldes hinauf, wo der eingesessene Bauer als „Hotzenwälder", knorrig, herb und verschlossen, sozusagen in Reinkultur vorkommt.

Hier hat sich ausnahmsweise einmal die Historie nicht an die blutigen Zeitläufte geheftet, sondern an die Gestalt zweier Liebenden, die sich gegen alle Tyrannei der Standesvorurteile ihr eigenes Glück zu schaffen wußten. Ein hübscher, menschlicher Zug in der unerbittlichen Chronik von Gewalt und Unheil. Die Nachwelt hat ihnen, dankbar dafür, an der Außenwand des Münsters einen Grabstein gesetzt. „Das in gegenseitiger Liebe unvergleichliche Paar" ist zu einem Symbol geworden, um das die Legende rauschte und das — langlebiger als das Werk des Dichters, der es besang — einer kleinen Stadt ihren Ruf schenkte. *W. M. S.*

SÄCKINGEN lies in the scenic region of the Upper Rhine near the Swiss border. Shown here are its medieval wooden bridge and the minster, founded in the 6th century by Saint Fridolin.

SÄCKINGEN est situé sur le Haut Rhin, proche de la frontière suisse; le pont de bois moyenâgeux et la cathédrale que St Fridolin a fondée au VIe siècle, témoignent du cachet de cette ville.

„... Freiburg ist, nach der letzten Belagerung, bis auf die Vestungs-Werke ziemlich wieder hergestellt und schöner als zuvor", so schrieb Franz Josef Sulzer im Jahre 1782. Was sich an Bedrängnissen im Lauf der fast neunhundertjährigen Geschichte der Zähringerstadt — im Auf und Nieder der Kriegswirren, Übergaben und Abtretungen — so vielfach wiederholte, war nur ein Vorspiel zu den Schrecknissen der jüngsten Vergangenheit. Heute ist diese Pforte zum Schwarzwald, die Zierde des wie ein Garten anmutigen und großmütig spendenden Breisgaus, wiederum „ziemlich hergestellt". Wenn auch manch einer mit heimlichem Seufzen an Verlorenes unter den baulichen Schätzen der Stadt denken mag, so muß, wer mit offenem Auge durch unsre Zeit geht, doch zugeben, daß die still tätigen Badener das Ihrige getan haben, um sich den behaglichen Lebensraum zu erneuern, der ihrem Wesen entspricht. Und für den der Rückschau eher Geneigten mag es tröstlich sein, daß das Herzstück der Stadt unverletzt ist, daß ihr Leben in unwandelbarem Rhythmus weiterpulst. Wer will klagen, wenn ein Raum von solcher Hoheit, Würde und Anmut uns erhalten blieb wie der Platz vor dem Münster, auf dem die Profanbauten in Ehrerbietung vor dem geistigen Mittelpunkt des Ganzen zurücktreten? Im sanften Licht der von der Rheinebene her durchfeuchteten Atmosphäre schimmert in samtig warmem Rot die Fassade des Alten Kaufhauses, einer Schöpfung des Münsterbaumeisters Lienhard Müller aus dem Jahre 1532, mit ihren kraftvoll und zugleich so elegant gesetzten Arkaden, den spitzbehelmten Erkertürmchen und den vier Gestalten jener Habsburger, die für die Geschichte der Stadt bedeutsam gewesen sind: Maximilian, Philipp der Schöne, Karl V. und Ferdinand I. von Spanien. Schlicht und hoheitsvoll wird in ihnen die Größe weltlicher Macht mit den himmlischen Erscheinungen der Münsterplastiken konfrontiert. Über dem von Farben und Düften überquellenden vormittäglichen Markt, der in diesen Stunden auch für den allesverschlingenden Riesen „Verkehr" tabu ist, steigt das Wunderwerk des Münsterturms auf — mit seiner filigranhaft durchbrochenen Spitze, die Wilhelm von Humboldt ein „ganz à jour gearbeitetes Gemach" nannte. Eine Botschaft des Unvergänglichen vor der Repräsentation wandelbarer irdischer Größe. *W. M. S.*

FREIBURG IN THE BREISGAU is the gate to the Black Forest and a famous university town. Gaily colored market stalls in front of the Renaissance colonnade of the "Old Merchants' Hall" (built in 1532).

FRIBOURG-EN-BRISGAU, porte ouverte sur la Forêt-Noire et ville universitaire renommée, où s'alignent les échoppes colorées sur la place du marché, devant le «Vieux Magasin» (1532), au pied de la cathédrale gothique.

Schwarzwald · *Das Bärental*

Der Schwarzwald ist unter den deutschen Mittelgebirgen das am häufigsten aufgesuchte Ziel der Besucher aus der Fremde, die — welches Land außerhalb unserer Grenzen ihre Heimat sein mag — ein besonders bezeichnendes, idyllisches und erholsames Stück Deutschland kennenlernen möchten. Selbst wenn man von der Anziehungskraft absieht, welche die Schwarzwälder Kuckucksuhr überall in der Welt auf Deutschlandfreunde ausübt, oder von dem Ansehen, das Schwarzwälder Kirsch und Kirschtorte bei Genießern haben — die Beliebtheit, deren sich der „Black Forest" bei Ausländern erfreut, bleibt erstaunlich genug.

Ein gut Teil der Favoritenrolle, die der Schwarzwald spielt, mag mit der günstigen geographischen und verkehrstechnischen Lage erklärt werden. Zweiseitig vom Rhein umflossen, nachbarlich zur Schweiz und zu Frankreich hin gelegen, in alte Kulturlandschaften eingebettet und parallel zu einer uralten Reisestraße sich erstreckend, erwartet hier im Süden den Reisenden noch einmal „deutscher Wald". Es ist Wald in bezwingendem Reichtum und in mannigfacher Form. Das Land zwischen Basel und Donaueschingen, Karlsruhe und Pforzheim ist ein breit sich ergießendes, mählich abebbendes Gewoge von Bergen und Tälern — Bergen, die sich bis an die 1500 Meter aufwerfen, Tälern, die sich tief in die Landschaft eingraben. Dazwischen dann das dunkle Wasser von Seen und Weihern, das blitzende von Bächen mit schmackhaften Forellen, der schwarze feuchte Grund alter Moore, das Wechselspiel von dunklem Wald und hellen Wiesen, die Flucht der Hänge, die kleineren und größeren Siedlungen der Menschen — es ist eine bei aller Weite überschaubare, bei aller Kleine nicht enge und bei allem Fremdenverkehr nicht charakterlose, sich aufgebende Welt. Im Gegensatz zum „Harzer" (den es nicht gibt) ist der Schwarzwälder ein einheitlicher Stamm, aus ganz bestimmtem Holz geschnitzt und darauf bedacht, in seiner Art respektiert zu werden, obwohl er — wie seine Sprache es verrät — nicht fürs Heroisieren taugt. Johann Peter Hebel ist sein Dichter und Hans Thoma sein Maler. Nirgends in deutschen Landen hat sich so lange „die Tracht" erhalten, die bei aller Solidität und Schwere doch farbenfroh ist und — bei gleicher Grundform — ihre reizvollen regionalen Abwandlungen kennt. Der Baustil der Häuser und Häuschen ist der Landschaft abgeleitet und abgelesen und darum ganz in Übereinstimmung mit ihr. Das Leben in solcher Landschaft hat seine Probleme, aber es ist ein lohnendes, gerne gelebtes Dasein.

Am schönsten — oder doch am farbigsten — ist der Schwarzwald im Herbst, wenn das Laub zu welken beginnt und sich die verflammende Ekstase der Blätter mit dem Schwarzgrün der Nadelbäume mischt, die Wiese am Hang gilbt und der Oktoberhimmel hell darübersteht — wie hier über dem Bärental, an dessen Hang entlang sich die Straße vom Titisee zum Feldberg hinzieht.   *R. H.*

THE BLACK FOREST IN FALL. Deep dark woods and wide open meadows characterize the huge forest that stretches from the Upper Rhine almost to Lake Constance. In our picture, the Bärental (Bear Valley).

LA FORÊT-NOIRE EN AUTOMNE. Entre le Haut Rhin et le lac de Constance, s'échelonnent les montagnes de la Forêt-Noire, sur une longueur de 158 km. Sur la photo: la «vallée des ours» (Bärental).

Am Feldberg · *Winterlicher Schwarzwald*

Wenn sich die Laubbäume des Schwarzwaldes verfärbt haben und schließlich — bis auf das zählebige braune Buchenlaub — des Blattwerks entkleidet sind, scheint eine kurze Fermate im Ablauf der Jahreszeiten einzutreten. Die letzten schönen Tage sind dahin, die Winde brausen übers offenere Land und durch die ächzenden Wälder, Regengüsse peitschen gegen die Fenster der Schwarzwaldhäuser, die nun wieder den Schwarzwäldern allein gehören — der letzte Erholung suchende Städter ist längst abgereist. Die Landschaft ist ungastlich geworden; aber nur für kurze Zeit. Der November mag so hingehen, auch ein Teil des Dezembers noch. Dann aber, wenn es einigermaßen mit rechten Dingen zugeht, verfinstert sich eines Nachmittags der Himmel, und wenn man am anderen Morgen die Läden aufstößt, haben sie hohe Stehkrägen: Der erste Schnee ist gefallen und verwandelt den eben noch so abweisenden Schwarzwald in ein weitläufiges und vielgesichtiges Wintersportparadies — mit dem Feldberg als Mittelpunkt, jenem sieben Kilometer langen, gebuckelten Gneisstock, dessen höchster Gipfel (1493 m) unser Bild beherrscht.

Daß der Schwarzwald ein Sommerparadies war, wußten schon die Urgroßeltern unserer Urgroßeltern; aber die Entdeckung des Wintersports — und dieses Wintersportparadieses im besonderen — fällt noch in die Jugend unserer Eltern. Die „Fremden" und die „Verrücktesten" der um die Jahrhundertwende jungen Leute stiegen damals, gescholten und gewarnt von der öffentlichen Meinung, auf die zuerst aus Skandinavien eingeführten Bretter und lernten Skilaufen. Und wenn es von diesen Avantgardisten (zu denen auch das Militär gehörte) bis zur allgemeinen Verbreitung des Wintersports auch noch seine Zeit brauchte — damals, um das Jahr 1900 herum, wurde auch sogleich das Wintersportparadies im Schwarzwald entdeckt. Es war schon immer dagewesen: der verschneite Wald, die Wächten auf den Höhen, die sausenden, windumpfiffenen Abfahrten, die sanften Hänge, die stillen, fast mit der Landschaft eingeebneten Wege. Aber nun war alles „gangbar" geworden. Indem man eine neue Fortbewegungsart erkannt hatte, hatte man den Eingang zu diesem Paradies aufgespürt.

Heute kennt man den winterlichen Schwarzwald mit allen seinen Schönheiten und Merkwürdigkeiten, und die Schwarzwälder selbst mögen nur bedauern, daß nicht sie es waren, die diese für manche Leute die Welt bedeutenden Bretter erfunden haben. Wer ihre Art kennt, wird sich auch in diesem Falle fragen müssen: Hawe se nit wolle oder hawe se nit könne?   *R. H.*

FELDBERG IN THE BLACK FOREST. This is the highest mountain in southwest Germany, nearly 5,000 feet above the surrounding forest land. It is the center of a popular winter sports region.

LE FELDBERG DANS LA FORÊT-NOIRE. C'est le mont le plus élevé de cette chaîne du sud-ouest de l'Allemagne (1493 m), et le centre d'une région de sport d'hiver aux possibilités très variées.

Altensteig im Schwarzwald · *Talblick auf die Stadt*

Die Altensteiger in ihrem Nagoldtal, einem der schönsten und lebendigsten des württembergischen Schwarzwaldes, müssen von jeher tüchtige Leute gewesen sein. Hinter der Ringmauer ihres Städtchens herrschte einst reges Zunfttreiben: da gab es Büchsenmacher, Kammacher, Nadler, Seifensieder, Leineweber, Tuchmacher und Zinngießer — das ganze Handwerksvokabular unserer Volkslieder, Sagen und Schwänke war hier beieinander. Das waldreiche Hinterland lieferte ihnen Holz, das talab geflößt wurde; die Bauern der umliegenden Gemeinden brachten zu Markt, was sie geerntet und aufgezogen hatten. Da gab es Vieh- und Schweinemärkte, Flachs- und Krämermärkte, und auch die Namen dieser seit 1490 in einer Marktordnung festgelegten Tage klingen wie aus dem Märchenbuch: der Hutzlenmärkt, der Kreuzsonntagsmärkt, der Maria-Magdalenenmärkt, und wie sie alle heißen mögen.

Als die Tage dieser romantischen Beschaulichkeit vorbei waren, da wollten die Altensteiger in ihrem Tal den Anschluß an die große Welt nicht versäumen und forderten energisch ihre Eisenbahn. Sie bekamen sie. Der „Talesel", das „Altensteigerle", rumpelt heute noch — wenn auch nur im Güterverkehr — das Tal zwischen Nagold und Altensteig hinauf, und wer das Lied von der schwäb'schen Eisenbahn kennt, der verlegt es gern auch in dieses Tal. Als die Zeit weiter vorschritt, schuf man in Altensteig eine Industrie. Genausoviel, daß das Städtchen seinen Charakter nicht verlor, daß die muntere Nagold ihre Frische behielt und die gute Schwarzwaldluft nicht verpestet wurde.

Und dann kam der Fremdenverkehr. Auch da hat man maßgehalten in Altensteig. Hier herrscht noch immer der Wälderfriede und die alte Schwarzwälder Behaglichkeit, und was an modernem „Ferienkomfort" unumgänglich schien — Freibad, Golfplatz und Parkanlagen — ist eingebaut in die Lieblichkeit der Landschaft. Sie haben sich nicht vergewaltigen lassen, die Altensteiger, sie lieben das Hergebrachte. Sie haben sogar etwas zuwege gebracht, was sonst nicht häufig angetroffen wird: sie haben sich darauf geeinigt, das harmonische Kolorit ihres alten Stadtbildes zu erhalten. Wenn heute einer dort sein Haus neu anstreichen will, bespricht er seine Pläne mit dem Stadtbauamt, und dann werden in vielen Proben die Töne sorgfältig abgestimmt und ausgewählt. Und was sich nun hier am linken Ufer der Nagold den Berghang hinaufzieht bis zum 600jährigen Schloß der Grafen von Hohenberg (in unserem Bild links oben), das zeugt vom Segen des Gemeinsinns, der zur Tradition dieser liebenswerten Stadt gehört. Die Altensteiger sind heute noch tüchtige Leute.   W. M. S.

ALTENSTEIG, in the Nagold Valley, north of Freudenstadt, is a charming Black Forest town that has carefully preserved its colorful old houses.

ALTENSTEIG, dans la vallée de la Nagold. L'une de ces petites villes de la Forêt-Noire, où l'on tient amoureusement à l'architecture traditionnelle, avec ses faîtes caractéristiques et ses couleurs riantes.

54

Stuttgart · *Schillerplatz mit Stiftskirche und Rathaus*

Ein Markt und eine Großstadt — das will heute fast nicht mehr zusammenpassen; aber es verträgt sich sehr wohl miteinander. Zumal, wenn der Markt sich so gut ausbreiten kann wie auf dem Schillerplatz in Stuttgart. Man kann nur wünschen, daß die Herren Stadtbauräte — und wer sonst immer Wohn- und Straßenbaupläne schmiedet — vor lauter Parkplätzen nicht die köstliche Oase vergessen, die inmitten von Hochhäusern und Kaufhöfen, Verwaltungsburgen und Selbstbedienungsläden ein Markt darstellt, der zwei- oder dreimal wöchentlich aus der Erde schießt. Er bringt das Land in die Stadt, und sei es auch nur in Gestalt von roten Radieschen und Tomaten, elfenbeinernen Spargeln, schneeweißem Blumenkohl, grüner Petersilie und erdverkrusteten Schwarzwurzeln. Schleicht sich nicht ein nachsichtiges Lächeln in die Züge des bronzenen Dichters aus Genieland beim Blick auf die rührigen schwäbischen Schafferinnen, die da zu seinen Füßen anbieten und abwägen, feilschen und kassieren, zureichen und forttragen? Er hält ein Buch in seiner Linken — der Titel ist nicht zu erkennen. Schwerlich liest er ein eigenes Werk. Sollte es, bei dieser Umgebung, gar ein Kochbuch sein? Zweifellos steht Schiller hier falsch; er sollte nicht auf die Farbenpracht der Blumen, nicht auf das pralle Gemüse schauen, sondern den Hals abwägend und bewundernd nach rechts drehen — wie es heißt, hatte er ja einen langen Hals, lang genug für einen ausgiebig würdigenden Seitenblick dorthin, wo die Stiftskirche steht, die wie viele traditionsreiche Kirchen ihre Metamorphosen durchgemacht hat. Im letzten Krieg wurde sie weidlich ramponiert; heute schaut sie annähernd wieder so aus, wie sie um die Mitte des 15. Jahrhunderts von Aberlin Jörg erdacht und angelegt war. Und mit einer weiteren Wendung des Halses, um etwa 30 Grad, bekäme der Dichter sogar den „Fruchtkasten" in den Blick, ein Bauwerk aus dem späten 14. Jahrhundert, das — 1944 ausgebrannt — zu Recht verdient hat, getreu wiederhergestellt zu werden.
Sie sind tüchtige, ehrgeizige und rührige Leute, diese Schwaben und Schwäbinnen. Sie haben uns nach dem Kriege nicht nur mit hervorragenden industriellen Erzeugnissen versorgt, sondern der Bundesrepublik auch ihren ersten, von aller Welt geschätzten Bundespräsidenten vermacht. Sie haben auch ihr Stuttgart wieder ganz hübsch „in die Reihe gebracht" und sich dabei sogar einige Neuheiten gestattet wie die Liederhalle, die Auferstehungskirche (in Zuffenhausen-Rot) oder den Fernsehturm. Sie haben sogar, was man ihrer nüchternen Lebensart kaum zutrauen würde und was außerhalb Baden-Württembergs kaum bekannt ist, gute, bisweilen gar erlesene Weine. Doch diese trinken sie selber.   *R. H.*

STUTTGART, the capital of Baden-Württemberg, has 640,000 inhabitants and is the home of leading industries. Shown here are the market square with the Schiller monument, the City Hall and the Late Gothic Stiftskirche.

STUTTGART, capitale du pays Bade-Wurtemberg, a 640.000 habitants. On y trouve des industries de réputation mondiale. Le vieux centre : le marché avec le monument de Schiller, l'hôtel de ville et la Stiftskirche.

Schwäbische Alb · *Der Hohe Rechberg*

Es ist reizvoll, das Bild der Schwäbischen Alb mit dem des Fichtelgebirges (S. 71) zu vergleichen. Beide zeigen viel Gemeinsames: eine friedliche, weite Landschaft, Wolkenzüge über den Höhen, in der Ferne ein Dorf — und beide haben das verhaltene Kolorit eines Tages zur Erntezeit. Damit sind die Ähnlichkeiten schon erschöpft. Denn während das Fichtelgebirge die typische Formation einer Granit-, Gneis- und Basaltlandschaft aufweist, spüren wir im weichen Wogenspiel der Höhen und Senken des Schwäbischen Jura noch die Bewegung des großen Meeres, das einst südlich bis zu den Alpenketten und nordwestlich bis zum Rhein reichte. Es hat diese Kegel und Mulden ausgeschliffen und seine Spuren in zahllosen Versteinerungen des Jurakalks zurückgelassen, der nichts anderes ist als ein Relikt früherer Korallen- und Schwammbänke — ein wahres Paradies für Geologen.

Unser Bild zeigt den Blick von Süden her auf den Albriegel, der sich quer durch das ganze württembergische Land schiebt, weich verlaufend gegen die Donau hin, nordwärts aber, dem Neckar zu, wie eine Mauer steil abfallend. Auf dieser Mauer erheben sich wie Zinnen die teilweise vulkanischen Bergkegel, Heimat großer Geschlechternamen: der Staufen, die Teck, der Hohenzoller, der Hohenneuffen — sie gaben der Schwäbischen Alb den Namen einer „Kaiserwiege" —, dazu, auf unserem Bild links, der Rechberg mit der Ruine der Burg Hohenrechberg, und am rechten Bildrande der Stuifen. Es ist ein Blick ins Herz des Schwabenlandes, den wir tun, in eine Welt vergangener Ritter- und Kaiserherrlichkeit, in der das Wort Schwabe noch ungeschmälert stolzen Klang hatte, bis wunderlicherweise dieser Klang eine Beimischung von Spott erhielt (im Elsaß ist der „Schwob" sogar zum Schimpfwort für die jenseits des Rheins geworden), eines Spottes, den der Schwabe mit gelassener Heiterkeit hinnimmt, denn von seiner Tüchtigkeit weiß die Welt genug zu erzählen . . .

Ein Beispiel für viele: Die Alblandschaft litt von jeher schwer unter Wassermangel, da die Kalkschichten die Niederschläge schnell versickern lassen und diese sich erst in bedeutender Tiefe sammeln, um an den Rändern des Plateaus als starke Quellen zutage zu treten. Hier schaffte Stuttgart vor nun fast hundert Jahren durch ein großzügiges Projekt Abhilfe. Pumpstationen und Hochbehälter wurden gebaut und die „Mangelware" Wasser in 350 km langen Leitungen den bedrohten Gebieten zugeführt. Die tüchtigen Schwaben haben damit ein Werk vorweggenommen, das unter dem Druck der wachsenden Industrien und Bevölkerungszahlen erst vor wenigen Jahren weiter südlich durchgeführt wurde — in Gestalt der Bodensee-Fernwasserversorgung mit ihrer unterirdischen Pumpanlage beim Dorfe Sipplingen.   *W. M. S.*

THE SWABIAN JURA is a range of hills with rather rough climate, that runs through most of Württemberg. Shown is a view of the Rechberg near Schwäbisch Gmünd.

LE JURA SOUABE est une chaîne de hauteur moyenne, s'allongeant du S.-O. au N.-E. à travers le Wurtemberg. Le climat y est souvent assez rude. Vue sur le mont «Hoher Rechberg», près de Schwäbisch Gemünd.

58

Wer heute eine Rechnung auf „Heller und Pfennig" bezahlt, der denkt wohl kaum daran, daß sich hier der Wortgebrauch vom Begriffsinhalt gelöst hat und daß dieser Heller, der „Häller" Silberpfennig, einst ein begehrtes und vollgültiges Zahlungsmittel der Haller gewesen ist. Man sagt ihnen nach, sie seien rührige Leute gewesen: „Er rennt wie ein Salzmann" konnte man noch um die Jahrhundertwende im Schwäbischen und Hohenloheschen sagen hören, wenn einer eifrig hinter seinen Geschäften her war. Sie hatten Grund dazu, denn sie folgten einer langen Tradition, und Tradition verpflichtet. Die Hala Suevorum, so lautet der Name, den die Römer der alten Keltensiedlung gegeben haben, war ihnen als Heilort gegen die Gebresten, welche die Kinder des Südens sich möglicherweise im nordischen Klima zugezogen hatten, recht willkommen. Schon hier nimmt die Geschichte des blühenden Salzhandels (das Wort „Hal" deutet stets auf ein Salzvorkommen hin) ihren Anfang, der bis in die jüngere Vergangenheit der Kocherstadt ihre Blüte und ihr hohes Ansehen gesichert hat.

Die Haller waren aber nicht nur in der Wahrung ihrer Geschäfte rührig, sie wahrten auch ihre verbrieften Rechte, und dies mitunter auf recht drastische Weise. Bürgerstolz ist immer sehr empfindlich gegen Zugriffe der Ritterschaft gewesen, und so duldeten auch die Haller nicht, daß die Geharnischten sich als Herren über ihre schöne Stadt aufspielen wollten. Sie vermauerten sogar einmal ihr zur nahen Feste Limpurg führendes Stadttor so lange, bis die Ritter ihre Geld- und Raubgelüste und den aussichtslosen Kampf gegen den selbstbewußten Bürgergeist aufgaben und sich in das entferntere Gaildorf zurückzogen.

Rührig waren die Haller auch, wenn es galt, ihrer Stadt ihr eigenes Gepräge zu geben. Auf dem steilen Berghang über dem Kochertal haben sie die gotische Michaelskirche mit ihrem herrlichen Netzgewölbe und ihrem romanischen Turm gebaut, verbanden sie zum Tal hinunter mit einer riesigen Treppe (man vergleicht sie nicht zu Unrecht mit der Spanischen Treppe in Rom) und schufen sich eine überzeugende Demonstration ihres Machtanspruchs in dem wundervollen Rathaus in der Gegenfront der Kirche. Aber auch ihre Bürgerhäuser stellen dieses hohe Selbstbewußtsein zur Schau. So wirkt die von den gütigen Mächten beschützte Stadt der wackeren Salzsieder noch heute mit ihren Winkeln und alten Brücken wie eine Kunde aus den Zeiten bürgerlichen Gemeinsinns.

Heute freilich ist der Haller Salzhandel nur noch Historie. Die Zeit mit ihren rationellen Methoden ist über ihn hinweggegangen. Die Haller Salzquellen haben indessen ihre Bedeutung nicht verloren; noch heute werden sie von Leidenden aufgesucht und mit Nutzen angewandt.   *W. M. S.*

SCHWÄBISCH HALL used to be a center of salt mining. The town, located on the banks of the Kocher River, has preserved its medieval appearance. The Romanesque-Gothic St. Michael's Church is one of its points of interest.

SCHWÄBISCH HALL, jadis centre de saliculture, est aujourd'hui une ville d'eau (eaux salines). Sur la rive du Kocher, la ville déploie son architecture médiévale, culminante dans l'église St Michel, de style roman-gothique.

Weißenburg in Bayern · *Das Ellinger Tor*

Wo Silberdisteln, Enzian und Orchideen auf dem Juragestein wachsen, zieht sich die alte Römerstraße im südlichen Zipfel der Fränkischen Alb hin und mündet in das Rezattal. Hier entstand eine starke Grenzbefestigung, das *Castrum Biricianis*. Die Fundamente dieser römischen Gründung sind noch heute in restauriertem Zustand zu sehen, die Wohnung des Festungskommandanten (mit Warmluftheizung!), das Getreidemagazin, das Prätorium und das Fahnenheiligtum der Kohorten, die hier „die Stellung hielten". Es war einer der Vorposten, die man in typischen Pfortenlandschaften wie dieser antrifft. Diese Lage hat auch im Mittelalter als wichtiger Durchgangspunkt für den nord-südlichen Verkehr nicht an Bedeutung verloren. Es entstand hier — wohl im 6. Jahrhundert — ein Königshof, „Wizenburc", aus dem sich um die Mitte des 14. Jahrhunderts die Freie Reichsstadt Weißenburg entwickelte. Ihr Mauerring ist einer der besterhaltenen unter den fränkischen Städtchen, und von seinen Hauptzugängen sind noch zwei erhalten, das südliche Spitaltor, der Ausfall zur Augsburger Straße, und im Norden das Ellinger Tor, das unsere Aufnahme zeigt. Mit seinem wuchtigen, laternengekrönten Mittelturm aus dem 14. Jahrhundert und den beiden elegant gegliederten Seitentürmen (1520) repräsentiert es, wappengeschmückt, die Würde der Freien Reichsstadt: Willkommengruß und trotzige Abwehrbereitschaft zugleich.

Was hinter diesem Tor liegt, ist die ungeschmälerte Harmonie des mittelalterlichen Stadtbilds. Die Weißenburger müssen baufreudige Leute gewesen sein, die es sich angelegen sein ließen, ihre Stadt immer aufs neue zu verschönern. So entstanden reizvolle Mischstile wie bei dem schönen Rathaus, dessen Portal die Jahreszahl 1474 zeigt, während man 1569 den Treppenturm hinzufügte. Auch die Pfarrkirche St. Andreas hat sich viele Umwandlungen gefallen lassen müssen. Anfang des 14. Jahrhunderts entstand ihr Langhaus mit dem Turm am Ostende des nördlichen Seitenschiffs. Er genügte dem reichsstädtischen Selbstgefühl nicht mehr, und so wurde ein Jahrhundert später der große Turm hinzugefügt, der in unserem Bild den Mittelpunkt der schönen, von links oben nach rechts unten verlaufenden Diagonale bildet. Ein Bild von solcher Geschlossenheit gehört zu den seltenen glücklichen Funden, selbst in dem mit Kostbarkeiten nicht geizenden Frankenland. Es ist zu begreifen, daß die Romantiker in solchen Städtebildern ihren altdeutschen Traum verwirklicht sahen.   *W. M. S.*

WEISSENBURG IN BAVARIA. The tower of the Ellingen Gate, one of the most majestic city gates in Germany, dates to the 14th century. In the background, the tower of St. Andrew's Church.

WEISSENBOURG, EN BAVIÈRE. La tour de l'«Ellinger Tor», qui est l'une des portes les plus imposantes en Allemagne, est du XIVe siècle; l'avant-corps est de 1520. Au fond: le clocher de l'église St André.

Pax Intrantibus, Salus Exeuntibus — Friede den Einkehrenden, Heil den Scheidenden — steht als Motto über dem Spitaltor Rothenburgs. Der freundliche Segensspruch des „fränkischen Jerusalems" galt aber denn doch wohl nicht allen Einkehrenden, denn was durch „des Hl. Römischen Reiches reichsfreie Stadt Rothenburg uff der Tauber" zog, waren nicht immer durchaus gern gesehene Gäste. Die Stadt über dem steilansteigenden Talgrund zwischen der Frankenhöhe und dem Main hat ihr vollgerüttelt Maß von Kriegsschicksalen hinter sich; bald von den Schweden, bald von den Kaiserlichen und schließlich noch von den Franzosen erobert, mögen die braven Rothenburger in ihrem Durchgangsort an der großen Handelsstraße mit ihrem Segenswunsch wohl eher die frommen Pilgerzüge gemeint haben, die auf der Wallfahrt zum Heiligen Land im Schutz ihrer Mauern und Türme Rast machten. Und was zwischen dem Erdbeben in der Mitte des 14. Jahrhunderts, das die alte Feste der Grafen von Rothenburg zerstörte, und den Brandbomben des Zweiten Weltkriegs die Stadt heimsuchte, läßt es wie ein Wunder erscheinen, daß wir heute hier in eine Welt eintreten, von der 1945 einer der amerikanischen Eroberer gesagt haben soll: *It's nothing but old postcard-stuff*". Nun, dieser angebliche „alte Postkartenkram" bedeutet immerhin ein Stück überlebenden, aber nicht überlebten Mittelalters, denn hier finden wir Kleinodien der Bau- und Bildnerkunst, die durchaus keinen musealen Staub tragen, sondern in voller Lebensfrische ein Teil des heutigen Lebens dieser Stadt geblieben sind. Hier ist Tilman Riemenschneiders Heiligblut-Altar zu finden, Friedrich Herlins goldenes Hochaltar-Juwel in der St.-Jakobskirche, das Rathaus, eines der schönsten in Deutschland, in seiner vollendeten Mischung von Gotik und Renaissance, und immer wieder, auf Schritt und Tritt, Türme, Tore, Wehrgänge, Brunnen, eingebettet in Grün und blumenüberwuchert.

Wer hier gelegentlich an Spitzweg denkt, der irrt nicht: der Maler verschrobener Käuze, nächtlicher Ständchen oder unkriegerischer Wachtposten hat hier im ehemaligen Jagstheimerschen Hause seine Pillen gedreht, Mixturen verabfolgt und zwischen den Zeiten gelebt. Und wer Vergnügen an Anekdotischem hat, dem sei berichtet, daß Rothenburg die „Dekoration" für einen der ersten ernst zu nehmenden künstlerischen Filmversuche geliefert hat: Der unvergessene Paul Wegener drehte hier seinen „Rattenfänger" und zog als unheimlicher Lockvogel mit seiner verzauberten Kinderschar durch das Tor am Plönlein von dannen. Als sein Kameramann ihm vorhielt, Rothenburg sei doch nicht Hameln, da sagte Wegener: „Das ist mir wurscht. Wenn die Leute nur irgendeinen alten Turm sehen, dann fragen sie den Deubel danach, wo der steht — dann glauben sie an Märchen." Und er hat recht gehabt.   *W. M. S.*

ROTHENBURG ON THE TAUBER's medieval appearance has remained unchanged. This old town is still surrounded by its original defensive wall. Shown here are two of the romantic city-towers.

ROTHENBURG OB DER TAUBER. A l'intérieur de ses murailles, cette ville unique a parfaitement conservé son caractère moyenâgeux. Vue sur les tours romantiques de la ville.

Nürnberg · *Weinstadel und Henkersteg*

Weinstadel und Henkersteg, im Lichte eines freundlichen Sommertages festgehalten — das Heitere wie das Düstere gewinnt bei der Nennung des Namens Nürnberg beklemmende Gewalt. Gab es eine köstlichere, reichere, gewinnendere Stadt auf süddeutschem, vielleicht gar auf deutschem Boden als diese? Dürer und Veit Stoß, Peter Vischer, St. Lorenz, die Frauenkirche . . . aber auch Parteitage, Krieg und Zerstörung und der Nürnberger Prozeß dann . . . Alle guten Geister, die sich hier ein Stelldichein gegeben hatten, um diese Stadt über viele andere zu erheben, waren nicht stark genug, den Höllensturz aufzuhalten, der am 2. Januar 1945 die Stadt Nürnberg in eine rauchende Trümmerwüste verwandelte. Aberwitz und bizarres Denken hatten ihr zugedacht, Paradefeld eines Geistes zu werden, der nichts mit dem Geist Nürnbergs gemein hatte und vielleicht gerade darum einen Ort der Unbefangenheit und Lauterkeit suchte. Draußen, auf dem nicht vollendeten Parteitagsgelände, stehen sie noch, unangetastet, gespentisch, die Pylone, Quadern und Riesentreppen . . . aber im alten Stadtraum ist Unwiederbringliches dahin.

Doch das Leben kann sich nicht bei der Klage aufhalten; der Bürger will ein neues Haus, wo das alte zerfiel; die Kinder müssen zur Schule; der Wirt muß seinen Gästen ein Dach überm Kopf bieten; der Pfarrer sammelt für die Wiederherstellung seiner Kirche — es ist ein neues Nürnberg, in dem das alte noch, beinahe reliquienhaft, enthalten ist, kostbarer noch als einst, da man im Überfluß hatte, was heute Seltenheitswert besitzt: jener kleine Bezirk um das Dürerhaus etwa, der erhalten blieb, die Gebäude der Burg, die im alten Stil wiederhergestellt wurden, die herrlichen Kirchen der Stadt — St. Sebald mit seinem Sebaldusgrab, Sankt Lorenz, die Frauenkirche. Der Schöne Brunnen, das Wahrzeichen der Stadt, läßt seinen goldenen Zierat wieder über den Hauptmarkt glänzen . . .

Zu dem Geretteten zählt auch die malerische Bautengruppe an der Pegnitz: der Wasserturm, der Henkersteg und das schöngegliederte Fachwerkhaus aus der Mitte des 15. Jahrhunderts, das sein Dasein als „Sondersiechenhaus" begann — als Überwachungskrankenhaus nämlich für Aussätzige und Pestkranke — und später dann, seit 1528, ein Lagerhaus für große Mengen Weines wurde, den man für den nahen Weinmarkt lagerte. Seit dem 16. Jahrhundert diente der Bau auch als Stätte zur Unterbringung Bedürftiger.

Auch der Weinstadel trug bei den Bombenangriffen Schaden davon; zudem hatten Senkungen im Fundament Giebelverschiebungen bewirkt. Heute freilich ist alles wieder ins Lot gebracht. Das Haus, vom Studentenwerk in Erbpacht übernommen, bietet jetzt jungen Menschen ein wohnliches Heim.   *R. H.*

NUREMBERG, the city of the Master Singers and the home of Albrecht Dürer, was one of the richest of the old Imperial cities. View of the "Wasserturm" (1320/25) and the 15th century Wine Storage House.

NUREMBERG, la ville des Maîtres-Chanteurs et d'Albert Dürer, fut une des plus riches parmi les villes libres au moyen âge. Vue sur le «Wasserturm» (1320/25) et sur le dépôt de vins (XVᵉ siècle).

Bei Waldsassen in der Oberpfalz, auf dem Glasberg zwischen Fichtelgebirge und Böhmerwald, zum Bistum Regensburg gehörend, steht eines der originellsten deutschen Gotteshäuser, wenn nicht das originellste überhaupt: die der Heiligsten Dreifaltigkeit geweihte Wallfahrtskirche „Die Kappl". Sie leitet ihren Namen von dem Umstand her, daß auf ihrem Grund und Boden — in einer Kapelle — schon im 12. Jahrhundert die Dreifaltigkeit verehrt wurde. Und auch die Kirche selbst, ihr Grundriß, ihre Raumaufteilung, ihre Proportionen sind engstens an den Begriff der Heiligen Dreifaltigkeit angelehnt. Diese ist geradezu das Leitmotiv, das die kirchlichen Bauherren dem Baumeister Georg Dientzenhofer mitgegeben hatten, der sich denn auch auftragsgemäß „bemüht hat, das Mysterium (der Dreifaltigkeit) künstlich zu adumbrieren", zu umschatten also.

Originellerweise wurde die zuvor bestehende, etliche Male zerstörte und wiederaufgebaute „Kappl" dabei umbaut — und erst niedergerissen, als es darum ging, das Mittelgewölbe einzuziehen. 1689 war der Bau erstellt und wurde neun Jahre später den Zisterziensern übergeben. Wie bei allen Kirchen gab es auch hier im Laufe von nun bald dreihundert Jahren Veränderungen, zumal nach dem Brande von 1880, der die Gewölbe nicht zerstörte, es aber mit sich brachte, daß man bei der Renovierung die Türme etwas höherzog. Sonst jedoch entspricht die Kappl dem alten symbolhaften Grundriß, den der erste Baumeister auf Anregung des Pfarrers von Münchenreuth, Eckhardt, zeichnete.

Maßgebend ist das gleichseitige Dreieck innerhalb eines Kreises, der sich im Falle der Kappl zur Kugel weitet. (Bis zur Höherstreckung der Türme hätte sich der Bau genau in eine Kugel einfügen lassen.) Und es ist wahrhaft überraschend, zu sehen, wie oft die Figur des Triangels im Äußeren und Inneren der Kirche wiederkehrt, wie sich alles von ihr ableitet und auf sie bezieht. Das geht hinein bis in die Altarnischen und gipfelt am deutlichsten in der Anordnung der drei kleinen und größeren Türme untereinander und zueinander — das Auge allein kann, in einer unmittelbaren und nahen Begegnung, am Gegenstand selbst ablesen, was in nüchternen Buchstaben nicht sichtbar gemacht werden kann.

Unsere Aufnahme — sicher eine der schönsten in diesem Buch — ordnet auf meisterliche Weise das köstliche Bauwerk in die frostklare Einfachheit der oberpfälzischen Landschaft ein.   *R. H.*

IN THE UPPER PALATINATE: This little church, built in 1689 and dedicated to the Holy Trinity, lies in the hilly, wooded Upper Palatinate region, near the town of Waldsassen. It is called "Kappl".

DANS LE HAUT-PALATINAT, région montueuse et boisée dans le nord de la Forêt Bavaroise, on trouve cette petite église, dite «Kappl», située non loin de Waldsassen. Construite en 1689, elle est consacrée à la Trinité.

Fichtelgebirge · *Blick auf den Ochsenkopf*

Ein anspruchsloses Bild vielleicht — eine Situation aber auch, die beispielhaft für fast jede mitteldeutsche Ge-birgslandschaft stehen kann: Korngarben, Waldkulissen, ein von Radspuren gefurchter Weg, der sich durch das spätsommerliche Land windet, und ein Dörfchen, das sich friedlich an die sanft ansteigenden Felder schmiegt. Ein Anblick, der in ganz besonderem Maße mitten aus dem Herzen unserer Heimat stammt, von dem ihre großen Lebensadern ausgehen. Das Fichtelgebirge entsendet nämlich seine Wasser, Main, Saale, Eger und Nab, zu den drei großen Strömen: Rhein, Donau und Elbe — in die vier Weltgegenden und zu zwei Meeren hin. Eine verschwiegene Landschaft voll geheimer Lebensimpulse und eine herbe zugleich. Weit ins Jahr hinein hält sich der Schnee in tiefen Wehen zwischen den Felskuppen des großen Waldsteins, des Rudolfsteins und der Luisenburg, jenes größten Granitlabyrinths Europas, an dessen Fuß die älteste und schönste Naturbühne Deutschlands in Fels- und Waldkulissen eingebettet ist. Im Schmuck des winterlichen Weiß wirken die bizarren Gesteinsformen wie verwitterte Pagoden. Juli und August aber sind die Tage der Wärme und des großen Lichts. Am Abend steigen aus Wald und Sümpfen die Nebel auf und verhüllen die Bergkuppe des Ochsenkopfs (den unser Bild zeigt), der Kösseine und des Schneebergs, deren melancholisch-düsteres, grau und rot wechseln-des Urgestein sich bis zu einer Höhe von tausend Metern aufwirft.

In diesem Land sind die Glasbläser und Porzellanmacher zu Hause. Der Ochsenkopf war das Warenzeichen der fleißigen Glasbläser von Bischofsgrün, deren humpenförmige Trinkgefäße vom Ende des 18. Jahrhunderts mit ihrem milchweißen Körper und der Dekoration aus bunten Schmelzfarben begehrte Sammelobjekte sind. Und was das Porzellan angeht — Ortsbezeichnungen wie Selb und Arzberg, heute die Zentren einer hochentwickelten Industrie, sind jeder Hausfrau geläufig.

Zwei große Namen bezeichnen das Land, jedoch von grundverschiedener Reichweite ihres Klanges: Bayreuth ist zum Weltbegriff geworden, während Wunsiedel, der Geburtsort des Dichters Jean Paul, der eigentlich Johann Paul Friedrich Richter hieß, so etwas wie ein verschwörerisches Codewort für die Gemeinde dieses größten aller deutschen Humoristen geworden ist. Jean Paul, vor 200 Jahren geboren, hat in den stillen Winkeln seiner Heimat die Vorbilder seiner bis zum Grotesken und Extremen vorgetriebenen, verkauzten Individualisten gefunden — sofern sie nicht aus seinem eigenen Fleisch und Blut stammen. Die Welt des Dichters, eine durchaus eigenbrötlerisch-subjektive und darum so urdeutsche, spiegelt sich übrigens auch in den herrlichen Porzellan-kacheln, die gegen Ende des 18. Jahrhunderts in Selb und Regnitzlosau geschaffen wurden. In ihren delikaten rahmweißen, maigrünen und gedämpft roten Tönen begegnen wir wieder den Farben der herben Landschaft, die, das sei zum Schluß bemerkt, zum bevorzugten Ferienziel der Berliner geworden ist.   *W. M. S.*

THE FICHTEL MOUNTAINS. Ochsenkopf peak, capped by a television transmitter, towers more than 3,400 feet over the woods of the Fichtel region north of Bayreuth. Germany's porcelain industry is located here.

DANS LES MONTAGNES FICHTEL. La «tête de bœuf» (Ochsenkopf), avec son poste émetteur de télévision, s'élève jusqu'à une altitude de 1024 m, au-dessus des forêts et des rochers du «Fichtelgebirge», au nord de Bayreuth.

Coburg · *Schloß Ahorn mit Blick auf die Veste*

Im Weichbild der alten Residenzstadt, die sich vornehm-behaglich in den oberen Itzgrund zwischen dem Thüringer Wald und dem Fränkischen Jura gebettet hat, liegt wie ein Vorposten streng gewahrter feudaler Tradition das Schloß Ahorn. Es ist mit seinem von wuchtigen Ecktürmen flankierten Renaissancebau eines der prächtigsten Landschlösser Frankens, überragt von der Veste Coburg, die in der Ferne imposant über dem Steildach und den Turmhelmen des Schlosses sichtbar wird.

Die Veste, das einstige Bollwerk der Franken gegen Einfälle aus dem Osten — ihre Anfänge reichen ins 12. und 13. Jahrhundert zurück —, ist im Laufe der Jahrhunderte mannigfachen Veränderungen und Umgestaltungen unterworfen worden. Seit Lucas Cranach die Veste Coburg zum erstenmal 1506 in seinem Dresdner Katharinenaltar dargestellt hat, wurde dem Baukomplex fast von jedem Jahrhundert sein Siegel aufgedrückt, bis das neunzehnte, für seine Restaurationsbestrebungen geradezu berüchtigt, unheilvolle Eingriffe an den Bauten vornahm. Was einst echtem zeitgenössischen Stilempfinden entsprach, wurde hier zu mißverstandener Reminiszenz, und erst in den zwanziger Jahren unseres Jahrhunderts hat man sich bemüht, die schlimmsten Veränderungen wieder zu beseitigen. Was aber im Auf und Ab des Kulturwandels von diesem einstigen Herrenhof der Sachsenkaiser erhalten ist, bleibt noch immer eindrucksvoll genug: dieser dreifach aufgetürmte Mauerring mit seinen verschieden behelmten Türmen, dem Fürstenbau und der Lutherkapelle und seinem weiten Blick ins Land. „Wie ein Garten Gottes ist dieses Land zu schauen" — als der Dichter Jean Paul dies niederschrieb, mag er an seinen Aufenthalt in Coburg und den Blick von der Veste gedacht haben.

Zauberhaft ist auch der Blick über den zur Veste ansteigenden Hofgarten, einen aufgelockerten englischen Park, in das Residenzviertel der Stadt und auf die herrlichen Renaissancegiebel der Altstadt mit ihren Prunkportalen und den als „Coburger Erker" bekannten Ecktürmen. Was die Veste wehrhaft bewahrte, das gedeiht und blüht wie eh und je in den Mauern dieser Stadt, die einst Goethes Vater beherbergte, als er Schüler des von Herzog Johann Casimir zu Beginn des 17. Jahrhunderts gegründeten „Gymnasium Casimirianum" war und dort, in einer Atmosphäre aus feudaler und bürgerlicher Tradition, „einen guten Grund in den Sprachen, und was man sonst zu einer gelehrten Erziehung rechnete", gelegt hat. So berichtet Goethe in „Dichtung und Wahrheit". *W. M. S.*

COBURG. Not far from the "East Zone" border lies the city of Coburg. Its former ducal rulers are interrelated with many of Europe's royal houses. Ahorn Castle in the foreground, with Coburg Fortress on the horizon.

COBOURG. En Haute-Franconie, près du «rideau de fer»: la ville et le château de Cobourg. Sa famille ducale est liée à nombre de maisons d'Europe. Au premier plan, le château d'Ahorn; au fond, celui de Cobourg.

Bamberg · *Blick auf Stadt und Dom*

Wer Unterfranken sagt, wer an das Regnitztal denkt, dem tauchen wohl sommerliche Erinnerungen an verträumte Städte, an Rebhügel und Frankenwein auf, wohl die charakteristischen Merkmale dieses gesegneten Landstrichs zwischen dem Steigerwald und der Fränkischen Schweiz. Alles scheint in reinem Licht zu vibrieren, die Fernen verheimlichen mehr als sie verraten.

Aber nun dieses Bamberg an einem ersten Wintertag! Ein leichter Schneefall hat die Dächer zart überhaucht, gerade so viel, daß er die Konturen der lustig hingetupften Gaupen, der ragenden Kamine und das farbige Spiel der Ziegel unterstreicht. Und dann der Dom: in kristallinischer Schärfe steigen seine vier Türme mit ihren kupferpatinierten Helmen in den Winterhimmel auf; das Ragende scheint noch höher geworden, das Zierliche zu Filigran verfeinert. Wuchtig, aber in vornehmer Zurückhaltung vor der höchsten Macht steht zur Rechten das Haus der irdischen Gewalt, die neue Residenz mit ihrem wuchtigen Eckpavillon. Unter diesem mächtig einleitenden Akkord der beiden Repräsentativbauten beginnt die polyphone Musik der verwinkelten Bürgerhäuser in Straßen, Gassen, Gäßchen und Plätzen, eine Schatzkammer unversehrter Kostbarkeiten. Und immer wieder sind es die Kirchen, welche den Durchsichten der Häuserzeilen ihren Akzent verleihen: St. Jakob am Ende der Domgasse, St. Michael, langgestreckt über dem Jakobsplatz hingelagert oder mit nadelfeinen Turmhelmen über die obere Sandstraße lugend, und schließlich der gotische Chor der Oberen Pfarre, der das Pfahlgäßchen wie mit einem mächtigen Akkord abschließt.

Es ist wundersam, am Abend eines solchen Wintertags, der das Gegenwärtige magisch ins Zeitlose entrückt, durch die Stadt zu streifen, sich anrühren zu lassen von Hoheit, Pracht, Noblesse und stillem Daseinsgenügen, denn dies alles bergen die verschneiten Dächer unter sich. Und wenn man an Türmen und Portalen mancherlei seltsames Fratzenwesen entdeckt, das in der Abendstille ein geheimes, gesteigertes Leben zu atmen scheint, dann erinnert man sich daran, daß E. T. A. Hoffmann, der „Gespenster-Hoffmann", weiland Musikdirektor am neuerrichteten Theater Bambergs, vor uns hier gegangen ist. Im bronzenen Türknauf eines Hauses in der Eisgrube hat er die erschreckende Fratze seines dämonischen Äpfelweibes entdeckt und diese Vision in einem der schönsten Kunstmärchen der deutschen Literatur, dem „Goldenen Topf", aus dem starren Metall ins lebendige Wort übertragen.   *W. M. S.*

BAMBERG. The historic structures and artistic treasures of this Franconian bishopric have remained unharmed through centuries. The Romanesque cathedral which contains beautifully sculpted figures dominates the city.

BAMBERG, siège épiscopal en Franconie, a pu garder intacts ses belles œuvres d'architecture et ses trésors artistiques. La cathédrale romane avec ses vénérables sculptures, est le cœur de cette ville sur la Regnitz.

74

Sulzfeld,

südöstlich von Würzburg, eines der
alten fränkischen Mainstädtchen,
die zugleich Weinbauorte sind.
Neben dem Stadttor der Prunkgiebel
des frühbarocken Rathauses.

SULZFELD, southeast of Würzburg,
is an old Franconian town famous
for its wines. Adjacent to the city gate,
one can see the decorative gable of
the early Baroque town hall.

SULZFELD, au sud-est de Wurzbourg,
l'un de ces vieux villages sur le Main,
en Franconie, où l'on cultive aussi
la vigne. A côté de la porte, le fronton
splendide de l'hôtel de ville de
style baroque.

Der Fürstbischof Carl Philipp von Greiffenklau verschrieb sich im Jahre 1750 den hochberühmten Messere Giovanni Battista Tiepolo, den letzten großen venezianischen Maler, samt seinen beiden Söhnen Domenico und Lorenzo — gegen ein Honorar von zuerst zehntausend, dann zwölftausend Gulden rheinisch, freie Wohnung und Verpflegung an der Kavalierstafel —, um seine Residenz mit Fresken ausschmücken zu lassen. Damit gab er jenem grandiosen Feinschmeckergericht aus romanischen, gotischen und Renaissance-Zutaten, der bischöflichen Residenzstadt Würzburg, die letzte, subtilste Würze. Aus allen Erdteilen beschwor der Maler zum Ruhm seines hohen Auftraggebers in den Fresken des Kaisersaales und des Treppenhauses sinnenfrohe Kostbarkeiten herbei, zu denen der dem Leben zugewandte Kirchenfürst, als „Bild im Bilde" im spektakulären Pomp des Weltruhms höchstselbst erscheinend, wohl behaglich geschmunzelt haben mag ...
Selten ist eine Epoche so im Bild verherrlicht worden wie hier, im Werk Tiepolos. Es ist die große Zeit einer Stadt, die vom Weltatem durchweht ist. Kaum in einer anderen hat Deutschland so viel Pracht und Herrlichkeit, in so kurzer Zeitspanne entstanden, vereint gesehen. Tilman Riemenschneider schafft Plastiken für den Dom, Balthasar Neumann erbaut die Residenz und die Wallfahrtskirche. Die Kuppel des Neumünsters gibt den starken barocken Akzent. St. Burkard, St. Stefan, das Käppele, die Veste Marienberg, der Graf-Eckards-Bau (Rathaus), das Haus zum Falken mit seinem köstlichen Stuckzierat, die schön geschwungene Mainbrücke mit ihrer Parade von Sandsteinheiligen — eine Herrlichkeit reiht sich an die andere, viele zerstört, viele andere erhalten oder wiederaufgebaut.
Die Geschichte der Stadt reicht bis vor das Jahr 1000 zurück. Wie in der Historie der Wallfahrtskirche St. Koloman (Bild Seite 24), so soll auch hier ein irischer Wanderprediger, Kilian, 689 umgebracht worden sein, und um seine Grabkapelle soll sich der Kern Würzburgs (das 1080 erstmals als „civitas" erwähnt ist) entwickelt haben. Siebenhundert Jahre einer kontinuierlichen Bauentwicklung haben das entstehen lassen, was wir heute an Würzburg lieben und verehren.
Unser Bild zeigt einen Ausschnitt: Wir sehen vorn die Mainbrücke, im Hintergrund links die Kuppel des Neumünsters, etwas dahinter den Graf-Eckards-Bau, daneben den Dom — und am rechten Bildrand die Residenz. Was im gewaltigen Fanfarenstoß Würzburger Pracht antönt, in Traumwinkeln der Innenhöfe und stillen Hausmadonnen weiterklingt, das verhaucht als zarte, ein wenig wehmutsvolle Melodie vor den Toren der Stadt in Veitshöchheim mit seinem Rokokogarten; Deutschland besitzt kaum einen schöneren. *W. M. S.*

WÜRZBURG, an old bishopric and university city, lies on the Main River at the foot of vine-covered hills. Our picture shows a view over the Main Bridge to the Romanesque Cathedral (in the center).

WURZBOURG, en Franconie: siège épiscopal et ville universitaire; situé au pied d'une forteresse imposante, environnée de vignes. Vue sur le pont du Mein et sur la cathédrale, de style roman (au centre de la photo).

Miltenberg am Main · *Blick flußabwärts*

Wo sich der Main auf seinem Weg nach Nordwesten zum zweitenmal nach Süden wendet, ehe er die alte Richtung, aus der ihn das Zusammenrücken von Spessart und Odenwald abgedrängt hat, wieder aufnimmt, ist eines der reizvollsten „altfränkischen" Städtchen angesiedelt: Miltenberg. Behaglich hingelagert auf der Mainaue zwischen Strom und Berg, künden seine hohen, vielstöckigen Giebelhäuser mit ihrem kostbaren Fachwerk, den kunstvoll gebogenen Streben und heiteren Erkern von einem Lebensgefühl, das überall dort zu Hause ist, wo die Landschaft den Menschen mild und großmütig umfängt. Sonne, Flußlauf, Wein und nicht zuletzt eine handfeste Bocksbeutelei, die sich ans Hergebrachte und Erprobte hält und allem Unvertrauten, nicht hier Eingewurzelten sich erst nach reiflicher Prüfung auftut, haben die Menschen und ihre Wohnstätten geformt. Verwitterndes Mauerwerk, Tortürme und die alte Mildenburg zeugen davon, daß die kurmainzische Grenzfeste als Haupt des Mainzer Städtebunds sich ihrer wehrhaften Würde bewußt war. Aber die großen Ereignisse haben die Miltenberger offenbar verschont. Was die frühe Geschichte vom Vordringen der Germanen und Zurückweichen der Kelten zu berichten weiß, gehört in die Schulstube und nicht in die stillen Winkel, in denen man am feurig-weichen und samtenen Körper der prächtigen Rotweine des Landes sich das Herz wärmt. Was hier an den Hängen gedeiht, wird von Kennern geschätzt, welche diesen Roten zwischen den feurigen Beaujolais und den sanft glühenden Bordeaux einreihen. Und da wir beim Wein sind, ist es an der Zeit, eines der ältesten Gasthöfe Deutschlands zu gedenken, wenn nicht des ältesten überhaupt, des „Riesen" von Miltenberg. Er kann sich illustrer Gäste rühmen: der Ritter Götz von Berlichingen, Kaiser Friedrich III. und Königin Christine von Schweden wohnten unter dem stattlichen Giebel „bei einem sehr reichen Bürger, bei welchem Fürsten und Adlige, ja der Kaiser selber, wenn sie nach Miltenberg kamen, Herberge nahmen".
Aber nicht nur Sonne und Weinduft lagern über der Geschichte Miltenbergs. Bei der östlichen Ringmauer liegt das Hexenhäuschen. Sein Innenraum ist so niedrig, daß man kaum aufrecht darin stehen kann. Hier wurden zwischen 1616 und 1629 neunundsechzig Menschen, darunter der Riesenwirt Lorenz Beck, der Hexerei angeklagt, enthauptet und verbrannt. Doch seit jenen dunklen Tagen ist viel Wasser den Main hinunter und viel Wein durch die Kehlen der Miltenberger und ihrer Gäste gelaufen. *W. M. S.*

MILTENBERG lies south of Aschaffenburg on the Main River. The "Riese", or Giant, one of Germany's oldest inns, is located here. Magnificent half-timbered houses line the streets.

MILTENBERG sur le Mein, au sud d'Aschaffenbourg. On y trouve le «Riese», l'une des plus anciennes auberges d'Allemagne, ainsi que nombre de beaux bâtiments caractéristiques.

„Vor vielen Jahren, als im Spessart die Wege noch schlecht und nicht so häufig wie jetzt befahren waren, zogen zwei junge Burschen durch diesen Wald...", so läßt Wilhelm Hauff im Märchenalmanach auf das Jahr 1828 seine berühmte Erzählung „Das Wirtshaus im Spessart" beginnen. Das ist nun fast anderthalb Jahrhunderte her, und die Zeiten haben sich inzwischen beträchtlich gewandelt. Eine kühn angelegte Autobahn durchzieht heute das Gebirge. Und auch die Wege sind gut geworden, so gut sogar, daß vor nicht allzulanger Zeit eine Filmequipe in das Waldgebirge aufbrach, um einen der besten Filme der Nachkriegszeit zu drehen: „Das Wirtshaus im Spessart". Und wenn Hauffs Wandergesellen, der Zirkelschmied und der Goldschmied, hätten sehen können, was nun heute auf der Leinwand in ironisierender Räuberromantik gezeigt wird, dann hätten sie ihren Vorwitz verflucht, der sie in diese Gegend geführt hatte, die damals von Räubern geradezu gewimmelt haben soll. Selbst Schloß Mespelbrunn, dieses in einem stillen Seitental zwischen der Hohen Warte und der Eselshöhe gelegene Kleinod eines Wasserschlosses, mußte als Kulisse für den amüsanten Film herhalten, und wer es bis dahin nicht gekannt hat, der konnte es nun im Farbfilm bewundern, wie es seine Stufengiebel, seinen Bergfried, seine Erker und Türmchen vor dichtbewaldeten Höhenzügen im stillen Schloßweiher spiegelt.

Die Geschichte des Schlößchens weist keine großen Sensationen auf; dafür lag es zu tief begraben im Waldtal des Spessarts, abseits des großen Weltgeschehens. Der kurmainzische Vizedom von Aschaffenburg und Forstmeister im Spessart, Hermann Echter, erhielt „Wüstung und Hofstätte" von seinem Erzbischof zum Geschenk und baute dort 1419 ein Schlößchen; offenbar liebte er die stille Abgeschiedenheit mehr als seine repräsentativen Pflichten. Hier wurde 1545 der nachmalige Fürstbischof, Begründer der Würzburger Universität und kampfesfrohe Gegner des lutherischen Glaubens, den er aus seinem Land verbannte, geboren: Julius Echter von Mespelbrunn. Er baute die damals noch bescheidene Wasserburg zu dem heutigen Schloß aus. Es hat sich in dieser Gestalt auch noch erhalten, als es Ende des 17. Jahrhunderts in den Besitz der Grafen von Ingelheim kam. Erst um 1840 erschien es seinen Bewohnern nicht mehr „romantisch" genug; sie fügten den Erker des Südflügels und den verbindenden Bogen (in unserem Bild rechts) hinzu, glücklicherweise ohne der kleinen Kostbarkeit durch diesen Eingriff etwas von ihrem ursprünglichen Charakter zu nehmen. So liegt es nun heute noch zwischen uralten Eichen- und Buchenwäldern versteckt im „Spechshart", dem „Spechtswald" des Nibelungenliedes — in einem Märchenzauber, an dem unsere Zeit so arm geworden ist.   *W. M. S.*

MESPELBRUNN CASTLE. Hidden in the solitary Spessart forest between Frankfurt and Würzburg, this 16th century palace is the perfect example of a romantic, moated castle and attracts numerous visitors.

MESPELBRUNN, entre Francfort et Wurzbourg, est caché dans les forêts du Spessart. De nos jours il est très recherché en tant que «château d'eau» romantique tout à fait typique. L'architecture est du XVIe siècle.

In der Rhön · *Die Milseburg*

In unserem Bild begegnen wir einer Landschaft, die sich wie kaum eine zweite in Deutschland — gewisse Teile der Hocheifel ausgenommen — in ihrem Urzustand präsentiert. Sie zeigt einen der schönsten Berge dieses Vulkangebiets, die Milseburg, 835 Meter hoch. Sie liegt knapp 20 Kilometer von der alten Bischofsstadt Fulda entfernt — aber wer dächte angesichts dieses großartig schlichten Panoramas daran, daß unweit die große nordöstliche Durchgangsstraße von der Mainebene in den Thüringer Wald verläuft? Hier ist die Zeit stehengeblieben, sie hat diese herbe und windumbrauste Urlandschaft kaum berührt, nicht verändert. Wer die Rhön genau kennenlernen will, der muß sich auf des Schusters Rappen hinbemühen. Er wird reichen Gewinn davontragen, denn es ist eine Einkehr und Heimkehr in ein Land der Quell- und Waldgeister, in dem die Märchen zu Hause sind.

Für den Geologen ist das Land von besonderem Reiz. Buntsandstein mit seinen sanft sich rundenden Bergrücken bildet die Basis des ganzen Gebirges, über der die Reste der alten Muschelkalkdecke mit steiler Böschung der Gehänge liegen. In den höheren Lagen tritt dann das Braunkohlengebirge auf, vorherrschend tonig, mit vielen Einlagerungen vulkanischer Tuffe. Die höchsten Rücken bestehen aus vulkanischem Basaltgestein. Hier hat einmal eine eruptive Kraft gewaltet und die Landschaft geformt, bis sie zur Ruhe kam, in einer majestätischen Unberührtheit, der sich niemand entziehen kann, der dieses Gebirge durchwandert.

Die Rhön ist ein armes Land. Ungeheure Schneemassen bedecken sie im Winter, Regen und Nebel tränken sie im Sommer. Einst war sie mit Buchenwäldern bedeckt, ein echtes Glied des „Buchgaues", jetzt aber sind nur noch Reste davon, so wie sie herbstrot in unserem Bild leuchten, an den Hängen erhalten; der Nadelwald, besser gerüstet für die Strenge dieses Klimas, hat sie verdrängt. Was das Land an Reichtum birgt, sind seine Tonlager, welche von alters her die Fayencefabriken mit Material beliefern.

Seit etwa 1925 hat sich zu der Vogelwelt, welche die einsamen Kuppen umkreist, die Sippe der Segelflieger gesellt, die mit singendem Leitwerk im Rhönwind über die Landschaft streichen. Wenn sie von der Wasserkuppe starten, wo sie sozusagen zu Hause sind, entfaltet sich unter ihnen eine kaum enden wollende Weite, Kuppe an Kuppe, Tal um Tal, in ihrem Rhythmus fast an eine Dünenlandschaft gemahnend, und doch ganz binnenländisch, erdhaft, verschwiegen.   W. M. S.

IN THE RHÖN MOUNTAINS. The Rhön region, bordered by Hesse, Thuringia and Bavaria, is marked by numerous volcanic basalt cones. One of its most striking peaks is the Milseburg (2,700 feet).

DANS LES MONTAGNES DE LA RHÖN. Des monts coniques, d'origine volcanique, caractérisent ce paysage, dans la Hesse, où confinent la Thuringe et la Bavière. La Milsebourg (835 m), une des montagnes de la région.

Michelstadt im Odenwald · *Das Rathaus*

Kennen Sie die Mümling? Sollte es nicht der Fall sein, so lassen Sie sich sagen, daß es ein verträumtes Flüßchen ist, das durch das Herz des Odenwaldes fließt, des sagenumwobenen „Odowalts" des Nibelungenlieds — jenes Forstes, in dem man noch heute die Quelle zeigt, an der Hagen seinen politischen Mord an Siegfried verübte. An dieser Mümling — in einer Gegend, wo Hessisches und Fränkisches sich begegnen — liegt das Städtchen Michelstadt, und hier könnten nun wirklich alle deutschen Märchen zu Hause sein. Es ist ja sowieso mit den Hessen eine eigene Sache. Nicht ganz zufällig wohl haben sie einen Goethe, Hutten, Lichtenberg, Büchner, Liebig und Grimmelshausen hervorgebracht, nicht zu vergessen die Brüder Grimm, deren Namen auch heute noch jedem Kind vertraut sind. Was tönt uns aus diesen Namen nicht alles entgegen: Weltoffenheit und Spintisiererei, Ironie und kämpferischer Elan, Forschertrieb und Wissen ... und dies alles beheimatet in einer Landschaft, die man zu den schönsten Deutschlands rechnen darf, voller Heimlichkeit und Verschwiegenheit und doch nach allen Grenzen offen, schlechthin ein Glücksfall unter den deutschen Landen.

In Michelstadt also steht das Rathaus, das unser Bild zeigt — eines der ältesten in Deutschland (1484). Es beherrscht den brunnengeschmückten Marktplatz — den man leider heute kaum mehr ohne parkende Wagen sieht — und hält ihm seine schmale, elegant ansteigende Front hin wie ein vertrauenerweckendes, ein wenig verschmitztes Gesicht, eines von den Gesichtern, die man auf den ersten Blick liebhaben muß. Wuchtige Holz-ständer tragen den Fachwerkbau, der mit seinen spitzbehelmten Türmchen förmlich zu schweben scheint (wir begegnen dieser Wirkung, freilich in wesentlich schlichterer Abwandlung, an einer alten Schmiede in Rothen-burg). Das steile Walmdach ist von einem lustigen Reiterlein gekrönt, das es sich wie eine verwegene Mütze aufgesetzt hat. Die Fensterreihungen des ersten Stockwerks lösen die durch die Ecktürme schon gebrochene Frontlinie in ein pittoreskes Formenspiel auf, das sich in den Lineamenten des Fachwerks wiederholt. Die Hessen sind Meister im Fachwerkbau, aber hier haben sie sich selbst übertroffen.

Und wie glücklich steht dieses kleine Wunderwerk der Zimmermannskunst vor dem mächtigen Turm der St.-Michaelskirche! Sein gewaltiger Emporschwung macht das Rathaus noch zierlicher und bringt seine träume-risch verspielte Grazie zu schönster Geltung. Wenn Sie also die Mümling nicht kennen sollten, dann machen Sie sich gelegentlich zu einer Fahrt in den Odenwald und nach Michelstadt auf. Aber bitte, stellen Sie Ihren Wagen nicht vor dem Rathaus ab. Es verdient etwas Besseres.   *W. M. S.*

MICHELSTADT in the Odenwald is known for its 15th century, half-timbered City Hall, one of the most beautiful in Germany, with its spires and wooden columns. In the background, St. Michael's Church (1461-1537).

MICHELSTADT, dans la Forêt d'Oden. Son hôtel de ville, construit en 1484, est parmi les plus beaux de l'Alle-magne: sur le vestibule ouvert se pose un étage d'un riche colombage. Au fond, l'église St Michel (1461-1537).

Heidelberg · *Stadt und Schloß*

Heidelberg und Romantik! Vielleicht wären diese beiden Vokabeln nicht so überraschend fest zusammengeschmolzen, wenn die „Stadt, an Ehren reich" sich unversehrt hätte erhalten können und der melancholische Schleier der Vergänglichkeit nicht seit Jahrhunderten von den sonnenatmenden Rotsandsteinfassaden des Schlosses in die alten Gassen hinunterwehte. So aber, in dieser Einheit aus fast beispielloser landschaftlicher Lieblichkeit und steinernen Zeugnissen von einstiger Pracht und Größe konnte die Universitätsstadt am Neckar zum Schauplatz einer der bedeutendsten Dichtergemeinschaften und einer zwar kurzen, aber nachhaltig wirkenden literarischen Epoche werden: der „Heidelberger Romantik" eines Arnim und Brentano, der wir das „Wunderhorn" verdanken.

Nicht nur die Kulissen sind es, die sich hier stimmungsfördernd erwiesen haben; schließlich war es ja auch der Ruhm der „Mutter aller deutschen Bibliotheken", der einst die studierende Jugend anlockte. Es hatte auch nichts geändert, daß diese Bibliothek im Dreißigjährigen Krieg „guten Theils zerrissen und verderbet, und 1623 dem Papste Gregorio XV. nach Rom geschickt worden war". Und es ändert auch nichts, daß die spätromantischen Ideale, die einstige Freiheit des Gedankens sich in späterer Zeit vielfach in das enge Gewand kommentmäßiger Traditionsüberschätzung eingeschnürt fanden. Wo Jugend das Vergangene freimütig wertet und ehrt und sich ebenso freimütig mit Aufgaben und Möglichkeiten des Gegenwärtigen und Künftigen konfrontiert, wie es heute geschieht, da bleibt jener Geist lebendig, der Ruprecht I. bestimmte, 1386 die Heidelberger Universität zu gründen — ein Mäzenatenwerk, wie es kaum seinesgleichen kennt. Der Dreißigjährige Krieg konnte Heidelberg nicht vernichten, auch die Brandschatzungen der Stadt durch die Franzosen (1689 und 1693) konnten es nicht, wenn auch damals in der Stadt nur das in schönen Renaissanceformen erbaute „Haus zum Ritter" aus dem Jahre 1592 und die Heiliggeistkirche von 1430 die Zerstörung überstanden. Der Ottheinrichsbau des Schlosses war 1556-1559 unter dem humanistisch gebildeten Kurfürsten Ottheinrich von der Pfalz als ein Bau errichtet worden, der, auf den harmonischen „Ordnungen" der italienischen Renaissance fußend, durch Schmuckformen bereichert wurde, in denen Fränkisches und Niederländisches sich mischen. Als stolze Ruine, vom Hauch der Größe wie der Vergänglichkeit umweht, ist der Ottheinrichsbau — wie das ganze Schloß — im 19. Jahrhundert ein Lieblingsbau der deutschen Romantik geworden — und die Anziehungskraft dieses einmaligen Ensembles von Lage, Natur, Stadt und Schloß wirkt bis in unsere Tage auf Hunderttausende von Besuchern, die Heidelberg jedes Jahr empfängt. *W. M. S.*

HEIDELBERG, university town since 1386, is one of the romantic showpieces among Germany's old towns. Its castle was built in Renaissance forms in the 16th century and ruined in 1689 and 1693.

HEIDELBERG, avec son université fondée en 1386, est une des villes les plus pittoresques d'Allemagne. Son château fut bâti au XVIᵉ siècle et détruit en 1689 et 1693.

Der Neckar · *Bei Hirschhorn*

Bewaldete Höhen umfrieden einen stillen Erdenwinkel — den Ersheimer Hof am Neckar, für den Burg und Burgmauern von Hirschhorn die Hintergrundkulisse bilden. Der Neckar, zuweilen ein kleines Schiff auf dem Rücken führend, zieht lautlos gemächlich an diesem Frühlingsidyll vorüber — es ist die Landschaft Hölderlins, der von ihren holden Hügeln gesungen hat und vom Fluß, dessen bläuliche Silberwelle ihm aus dem Tal entgegenglänzte „wie Leben aus dem Freudenbecher". An anderer Stelle hat Hölderlin diesen Freudenbecher auch mit genau bezeichnetem Inhalt gefüllt, wenn er sagt: *Seliges Land! Kein Hügel in dir wächst ohne den Weinstock. Nieder ins schwellende Gras regnet im Herbste das Obst.*

Es ist anderthalb Jahrhunderte her, daß der schwäbische Poet so gesungen hat, und dennoch weiß man außerhalb Württembergs kaum etwas vom weintragenden Neckar; man hat sich immer mit der schönen Idylle begnügt. Die großen Verkehrsadern sparen das Neckarland aus, und so ist die Versuchung groß, zu rühmen, was man nicht kennt — oder doch zuzustimmen, wo Kenner rühmen.

Und freilich liegen am Wege des Neckars liebenswerte Städte wie Marbach, wo Schillers Geburtshaus noch steht und wo ein schönes Nationalmuseum, das seinen Namen trägt, viele Besucher anzieht; Lauffen, wo Hölderlin das Licht der Welt erblickte; das mittelalterliche Markgröningen mit dem alljährlich stattfindenden, uralten Schäferlauf; Kirchheim und Besigheim, wo ein besonders guter Tropfen wächst; das hochgebaute Wimpfen, Jagstfeld und Gundelsheim mit dem Deutschordensschloß Horneck; Heilbronn nicht zu vergessen. Und schließlich Hirschhorn ... Es ist eine alte Siedlung, etwa um 1200 gegründet und gegen Ende des 14. Jahrhunderts von den Kurmainzern mit dem Stadtrecht versehen. Über der Stadt haben die Grafen von Hirschhorn, die einst Lehensträger von Kurmainz waren, ihre Burg, deren Bergfried sich aus der Gründungszeit her erhalten hat, während die übrigen Teile aus Gotik und Renaissance stammen. Das Städtchen umgibt ein Ring aus dem 15. Jahrhundert; sein anziehendster Punkt ist eine gotische Karmeliterkirche, die 1406 geweiht wurde.

Daß das Neckarland altes Weinland ist, und zwar im Sinn eines kunstvoll kultivierten terrassierten Anbaus, und daß fast zwei Drittel aller deutschen Rotweine und knapp ein Drittel aller Weißgewächse in Schwaben — und zum größten Teil eben im Neckarland — gezogen werden, das wissen fast nur die Schwaben selbst, und sie halten es vielleicht aus guten Gründen geheim. Wer aber den Geist einer Landschaft nicht nur an dem erkennen will, was an Trinkbarem in ihr wächst, dem seien die Namen Schiller, Uhland, Hölderlin, Mörike, Kerner, Schubart und Vischer ins Gedächtnis gerufen. Wer sich auch von solchen Namen nicht beeindrucken läßt, dem ist nicht zu helfen.   *R. H.*

THE NECKAR is one of Germany's most romantic rivers. Numerous old castles overlook the winding stream as it cuts through the Odenwald near Heidelberg. In the background, Hirschhorn Castle.

LE NECKAR, traversant tortueusement la Forêt d'Oden près de Heidelberg, est bordé de nombreux châteaux forts. Au fond, le château fort Hirschhorn avec sa tour romane; l'hôtel seigneurial est du XVIe siècle.

Mannheim · *Brückenkopf am Rhein*

„Dauer im Wandel", so möchte man angesichts dieses Bildes von Mannheim zitieren. Wie hat sich diese Stadt an Rhein und Neckar doch gewandelt, die Matthäus Merian noch als ein zwillingssterniges Gebilde von Stadtanlage und Fortifikation gezeigt hat — eines der seltsamsten Städtebilder, die wir kennen! Der Kern Mannheims war eben diese Fortifikation, die Friedrichsburg, die Kurfürst Friedrich IV. von der Pfalz anno 1606 geschaffen hat, um die reiche und blühende Stadt (sie ist schon im Jahre 765 als *Villa* erwähnt) vor feindlichen Angreifern zu schützen. Sie hat dennoch 1795 ihre dritte Zerstörung über sich ergehen lassen müssen, aber immer wieder wurde sie unverdrossen aufgebaut, bis rund 150 Jahre später — im Zweiten Weltkrieg — das schwerste Unheil über sie kam.

Dazwischen aber lag ihre Prunk- und Glanzperiode unter dem Kurfürsten Carl Theodor, der seine „Hofbeamtenstadt" in jener seltsamen Karreeform schuf, die das bürgerliche Leben gleichsam in ein Schema spannte, wobei der glanzvolle Akzent auf der Residenz lag — ein überzeugendes Beispiel des Absolutismus. Was aber barg nicht außer ihr dieses nüchterne Quadratgebilde der Stadt an baulichen Kostbarkeiten! Da stand die herrliche Jesuitenkirche, einer der schönsten kirchlichen Barockbauten am Oberrhein, das Alte Rathaus mit der Doppelfassade und dem eleganten Mittelturm. Und da war, auf dem Schillerplatz, das ehrwürdige Nationaltheater, in dem Schillers „Räuber" zum erstenmal über die Bretter gingen.

Dauer in allem Wandel war einem besonderen Aspekt der Stadt beschieden: ihrer Bedeutung als Handels- und Wirtschaftszentrum, welche die Stadt ihrer Lage an zwei Strömen verdankte und noch heute verdankt. Eine gewaltige Industrie (mit rund 300 Betrieben) konnte sich um die einstige Residenzstadt entwickeln — und mit ihr ein Straßennetz, das die Stadt heute nach allen Himmelsrichtungen mit dem Land verbindet. Ein typisches Beispiel dafür ist der in unserem Bild gezeigte Rheinbrückenkopf (im Volksmund „Schneckennudel") im engen Raum zwischen dem Rheinufer und dem kurfürstlichen Schloß, das, fast bescheiden anmutend, hinter diesem technischen Aufwand links im Hintergrund unseres Bildes liegt. Wasser und Straße führen den 320 000 Bewohnern der Stadt zu, was sie zum Leben brauchen, und die Wirtschaftsgüter ab, die sie herstellen.

Das alles ergibt ein Bild der Fülle und des Anspruchs. Die Mannheimer, ein gesunder, tätiger und mutterwitziger Menschenschlag, haben beides von jeher geschätzt, im Verzehr ihrer Güter (wobei die herrlichen Weine der Pfalz eine nicht unbedeutende Rolle spielen), aber auch in ihrem Verhältnis zur Kultur und den bedeutenden Kunstsammlungen, die ihnen einst ihre Residenz vermittelt hat. So stand Goethe 1769 fassungslos im Antikensaal vor der „unwiderstehlichen Masse herrlicher Gebilde".

Fülle aber auch im Bereich der anderen Musen! Ohne die Kompositionen der „Mannheimer Schule" kämen die Rundfunksender in der Auswahl ihrer Programme in Verlegenheit. Von dem großen Schiller-Förderer Dalberg bis zu Albert Bassermann hat das Mannheimer Theater eine überzeugende Tradition bewahrt. *W. M. S.*

MANNHEIM, the city on the Rhine and on the Neckar, which has developed from a former electoral residence to a busy industrial center and inland port, has constructed impressive roadways as, here, the approach to the Rhine bridge.

MANNHEIM, sur le Rhin et le Neckar, résidence princière, devenue ville portuaire et industrielle, a construit des artères imposantes, par exemple ici la rampe qui conduit au pont du Rhin.

Als die Rauchwolken des letzten, entscheidenden Bombenangriffs vom 27. Februar 1945 sich verzogen, faßte ein Mainzer Stadtbaubeamter das Geschick seiner geliebten Stadt in die denkwürdigen Worte zusammen: „Was hawwe mir uns Mieh gegewwe, die Innestadt uffzulockere — un wie hawwe die jetzt so schee uffgelokkert . . ." Das war kein Zynismus. Der Mainzer sah bereits in der Zerstörung die neuen Möglichkeiten, und das ist ein wesentlicher Zug am unverwüstlichen Volk der zweitausendjährigen Stadt. Nun, bei der „Auflockerung" ist es zunächst geblieben, denn der Wiederaufbau von Mainz konnte erst sehr spät beginnen. Die jüngsten Pläne, die aus dem „Wettbewerb Rheinuferbebauung Mainz" resultieren, eröffnen kühne Perspektiven für die Bewältigung der schwierigen Aufgabe, eine neue Stadtansicht zu gewinnen, die modern und repräsentativ ist, gleichzeitig aber die Schönheit der erhaltenen Bauwerke nicht beeinträchtigt — und dazu den Anforderungen des Lebens und des Verkehrs von morgen gerecht wird.

Vergleicht man heute die Wasserfront der Stadt (wie unser Bild sie zeigt) mit der Erinnerung oder mit Bildern der Vorkriegsjahre, dann wird freilich deutlich, wieviel diese Stadt — und der Rhythmus ihrer Stadtsilhouette — vorerst verloren hat. Ragte einst das „Domgebirg" in einem stromauf und -abwärts sanft verebbenden Wald von Türmen und Türmchen der Kirchen und Tore und dem bewegten Spiel der Giebel, so zeigt sich jetzt zwischen dem Dom und der Kuppel der Christuskirche kaum mehr ein stärkerer Akzent, der die Parallele des Stadtpanoramas mit den hinter ihm verdämmernden Höhenzügen durchbricht.

Im Herzen der Stadt hat die „Auflockerung" aber einiges zutage gebracht, was im Gewirr der alten Gassen und Gäßchen fast untergegangen war; in den von hellerem Licht durchfluteten weiteren Abständen entdeckt man Palaisfronten, schöne Barockportale, Klosterbauten und Plätze, die ein gütiges Geschick vor der Vernichtung bewahrt hat. Man feiert Wiedersehen mit dem Dom, der bereits kurz vor seiner Einweihung 1009 und darauf 1081 und 1173 drei Brände und schließlich unter General Kalckreuth und seinem Koalitionsheer 1793 eine schwere Beschießung zu überstehen hatte, mit den noch erhaltenen Kirchen, dem kurfürstlichen Schloß, noblen Palästen wie dem Erthaler, dem Schönborner und dem Bassenheimer Hof (um nur einige wenige zu nennen). Kurz — auch so, wie sie sich jetzt präsentiert, bleibt die Stadt Gutenbergs, der studierenden Jugend, der fröhlichen Karnevalsredner und der besonnenen Dämmerschöppler — mitsamt ihrer jungen Würde als Landeshauptstadt von Rheinland-Pfalz — liebenswert wie eh und je. *W. M. S.*

MAINZ. The cathedral, dedicated in 1009, and rebuilt in the Romanesque style, reigns over this 2,000-year-old city where Rhine and Main meet. Since 1947, Mainz has been the capital of the Rhineland-Palatinate.

MAYENCE, ville de 2000 ans, située au confluent du Rhin et du Mein, et que domine la cathédrale aux nombreuses tours, consacrée en 1009. Depuis 1947, Mayence est la capitale de Rhénanie-Palatinat.

Worms · *Der Westchor des Doms*

Es ist uralter geweihter Boden, auf dem sich der Dom St. Peter zu Worms erhebt. Der römische Name der Stadt — „Borbetomagus", Hain der Borbet — deutet auf eine der drei keltisch-germanischen Muttergottheiten hin, die hier einst verehrt wurden. Als kluge Kolonisatoren haben die Römer ihre eigenen Tempelbezirke auf Stätten verlegt, die den von ihnen Überwundenen heilig waren. Das war der Beginn. In der Folgezeit erhebt sich Worms dreimal ins volle Licht des europäischen Schicksals: einmal, als die Burgunder im Jahre 410 hier unter ihrem König Gunther ihr Reich errichteten und Worms zum Schauplatz des Nibelungenliedes wurde, des großartigen Epos vom Untergang des Burgunderreichs — und dann, als in der salisch-hohenstaufischen Epoche Worms die prächtigste deutsche Königsstadt war. Das dritte Ereignis, 1521, war Luthers Verteidigung seiner Thesen vor dem Reichstag und vor Kaiser Karl V., bei der die große Entscheidung der Reformation fiel. An den geschichtlichen Rheinübergängen stehen in Abständen von etwa 45 Kilometern die drei großen Kaiserdome als Zeugen der westlichen Welt: der Mainzer, der Speyerer und der zu Worms — der letztere im Schnittpunkt der großen Wanderstraßen wie ein Wegweiser aufgerichtet. An seiner Südseite stieß die Straße von Westen an den Rhein, an seinem Ostchor vorbei die den Strom überquerende Nibelungenstraße. Der St.-Petersdom zu Worms (das Wappen der Stadt zeigt den Schlüssel Petri) ist gereckter, schlanker, überfeinerter als seine wuchtigeren Brüder zu Mainz und Speyer. Zierliche Zwerggalerien begleiten den herrlichen, um 1215 errichteten Westchor, den unser Bild im warmen Abendlicht zeigt, das die Einzelheiten seiner Sandsteinfassaden aufschimmern läßt wie riesigen Bronzeschmuck.

Auch der Dom zu Worms hat seine Schicksale gehabt. Um die Jahrtausendwende gebaut, war er bereits innerhalb des nächsten Jahrhunderts baufällig geworden. Auf seinen Fundamenten errichtete Bischof Konrad II. einen Neubau, der den spätromanischen Elementen frühgotische Formen hinzufügte, bis um die Mitte des 13. Jahrhunderts seine eigentliche Bauzeit abgeschlossen war. 1689 wurde er durch die Truppen Ludwigs XIV. barbarisch ausgebrannt, und als er unter Bischof Franz Ludwig von Pfalz-Neuburg wiederhergestellt wurde, fügte Balthasar Neumann (der Erbauer der Würzburger Residenz) mit seinem Altarbaldachin zu dem strengen Bau die fließende Heiterkeit des Barock. So steht er also heute noch vor uns — auf der Stätte, da einst keltische Muttergottheiten verehrt wurden. Ganz überwunden wurde die dämonische Welt freilich nicht: An der Fassade des Ostchors schauen Fratzenvolk und Ungeheuerwesen drohend auf die Straßen hinab, über die einst aus dem Osten das Unheil über König Gunthers Reich gekommen ist.   *W. M. S.*

WORMS. In the 5th century, this ancient city was the capital of Burgundy. It is also the scene of the Nibelungen Saga. The Late Romanesque cathedral, completed c. 1240, has been preserved intact.

WORMS. La cathédrale impériale, de style roman (achevée vers 1240), domine cette ville qui, au Vᵉ siècle, fut la capitale de la Burgundie, pays des «Nibelungen».

Goethe schrieb 1811 in der Erinnerung an seine Spaziergänge in der Vaterstadt: „Ging es nun in die Stadt hinein, so ward jederzeit der Saalhof, der wenigstens an der Stelle stand, wo die Burg Karls des Großen und seiner Nachfolger gewesen sein sollte, ehrfurchtsvoll begrüßt . . .“

Es wehte noch bis in unsere Tage ein seltsamer Zauber um diese Ecke der Mainfront gegenüber dem Eisernen Steg — dort, wo der Rententurm sich als wuchtiger Akzent an den Saalhof anschließt. Von hier ging man ein kurzes Stück Wegs zum schönsten Platz aller deutschen Städte, dem Römerberg, den wuchtigen Turm des Doms und den schlanken Helm der Nikolaikirche zur Rechten, bis man vor dem herrlichen „Haus Lichtenstein“ mit seinen Stufengiebeln und dem „Schwarzen Stern“ stand und wie im Traum zum Fünffingerplätzchen und zur Alten Schirn weiterwanderte, unvergessenen Kostbarkeiten lebendiger Geschichte. Das ist vorbei. Die Bombenangriffe vom Frühjahr 1944 haben mit aller Herrlichkeit gründlich aufgeräumt. Zwar blieben Rententurm, Nikolaikirche — und die Front des alten Rathauses, des Römers — erhalten, aber der Saalhof wurde schwer getroffen, und neu ist auch die einst völlig südlich anmutende Vedute der Mainfront, die sich nun wieder fast lückenlos darbietet. Doch die Patina der alten Bürgerhäuser ist dahin und mit ihr der alte Zauber — so stolz und tröstlich auch der alte Dom, der für Jahrhunderte der Wahlort der deutschen Kaiser war, nach wie vor seinen unverwechselbar geformten spätgotischen Turm aus rotem Sandstein über das Stadtbild reckt. Eine überaus betriebsame, moderne Großstadt präsentiert heute ihre Hochbauten aus Beton, Stahl und Glas. Und wenn einer der biederen Handwerker, die an diesen Riesenbauten beschäftigt waren, in den Stoßseufzer ausbrach: „So e groß' Haus, und kaa aanzig Stubb“, dann hat er mit der sprachlichen Treffsicherheit des alten Frankfurters ausgedrückt, was ihm fehlte — was allen fehlt, welche die Stadt geliebt und mit ihr gelitten haben. Die „Stubb“ ist dahin, die trauliche Umhegtheit des Patrizierhauses, Glück und Stolz einer schier endlos langen Reihe von Generationen bis zu den Tagen des Unheils. Die ganze Stadt ist eine „gute Stube“ gewesen, und sie „stickte“, wie Goethe sagte, „voller Merkwürdigkeiten“, zu denen jedes Jahrhundert das Seine beigetragen hatte. Andere Maßstäbe haben sich angeboten, andere Inhalte sind zu schaffen, und spätere Generationen werden zu entscheiden haben, ob sie dem Menschen unserer Tage so genau entsprechen wie einst das, dessen Verlust wir beklagen.   *W. M. S.*

FRANKFURT ON THE MAIN, the birthplace of Goethe, is an important trade center, a tradition that goes back to the great fairs of the Middle Ages. The Gothic cathedral dates from the 13th and 14th centuries.

FRANCFORT-SUR-LE-MEIN, connu pour ses foires depuis le moyen âge, est aussi de nos jours une importante ville commerciale. Ville natale de Goethe (1749). La cathédrale gothique date du XIIIe et XIVe siècle.

Limburg an der Lahn · *St.-Georgs-Dom*

Wo sich die Lahn — auf ihrem Wege vom südlichsten Punkt des Rothaargebirges nach Westen zum Rhein — durch die Basaltfelsen des südlichen Westerwalds gedrängt hat, haben sich auf steilen Schroffen Schlösser, Kirchen und Dome angesiedelt, die das Bild des an Überraschungen reichen Tales bestimmen. Da wächst in Dietkirchen die Lubentiuskirche aus dem Vulkangestein, in Runkel wuchtet das Schloß in beinahe provenzalischer Kargheit und Strenge düster über dem Fluß, und Limburg schließlich ist gekrönt von dem siebenhundertjährigen Bauwunder seines St.-Georgs-Domes. Wer ihn, von Osten her den Domfelsen entlanggehend, zum erstenmal erblickt, dem wird ein seltenes Erlebnis zuteil: Das Werk eines unbekannten Baumeisters (man will sein Bild in einer Steinplastik in der linken Nische des Hauptportals erkennen), das sich hier über Kalkfelsen aufreckt, wirkt wie ein Triumph religiösen Baugedankens. Wie sich das über dem Flußbett auftürmt, wie es herrscht und dient zugleich, ist beispielhaft für die Größe mittelalterlichen Bauwillens. In kaum dreißigjähriger Bauzeit ist dieser 1235 geweihte Dom entstanden. In seinen Maßen und Formen geht die Zeit der Staufenkaiser zu Ende, ein neues Lebensgefühl regt sich. Über wuchtigen romanischen Stützpfeilern beginnt die Gotik sich zu manifestieren. Solche „Mischstile" haben tiefere als nur kulturhistorische Aspekte; an ihnen lesen wir die Wandlung des Weltverhaltens ab.

Fast bescheiden hält sich die Burg der einstigen Herren von Limburg neben dem siebentürmigen Bau mit seiner reichen, zu köstlicher Einheit geschlossenen Gliederung. Im Innern des Doms steht dem Besucher eine weitere Überraschung bevor: Alle undekorierten Flächen, selbst die hohen Bündelpfeiler, sind hell gehalten. Die romantische Vorstellung vom mystischen Dunkel mittelalterlicher Kirchenbauten ist hier nicht mehr gültig.

Das Städtchen Limburg ist glücklicherweise vom Krieg verschont geblieben. Seine alten Winkel und Gassen mit ihren schönen nassauischen Fachwerkbauten bilden einen wirkungsvollen Kontrast zur Weiträumigkeit des alles beherrschenden Doms. Hier ist im Jahre 1402 die berühmte „Limburger Chronik" entstanden. Der kaiserliche Notar Tilemann Elhen von Wolfhagen sammelte neben geschichtlichen Daten in ihr Anekdoten, Volkslieder und Berichte über den Meistergesang, und dieses Werk stellt ein wesentliches Kompendium zur Kulturgeschichte des angehenden 15. Jahrhunderts dar.   *W. M. S.*

LIMBURG is situated on the Lahn River which flows into the Rhine south of Coblence. Its Romanesque-Gothic cathedral with its seven spires was completed in 1235.

LIMBOURG, SUR LA LAHN. La vallée de la Lahn, qui rejoint le Rhin au sud de Coblence, est riche en châteaux et en églises. La cathédrale fut achevée en 1235, dans un style roman-gothique.

Unweit Marburg · *Die Argensteiner Mühle*

Eine echte Mühle — das heißt eine, die, von der Kraft des Windes oder des Wassers getrieben, Getreide mahlt — zählt heute zu den Seltenheiten nicht nur der deutschen oder — wie hier — der oberhessischen Landschaft. Überall in der Welt triumphiert die Zweckmäßigkeit über das Schöne, die Eile über das Beschauliche. Unweit von Marburg, einige Kilometer vor dem größeren Dorf Niederweimar, hat die schnellebige Zeit ein wenig verhalten und einer uralten Handwerkstradition Reverenz erwiesen.

Argenstein heißt der kleine Flecken, in dem die alte Mühle mahlt. Sie ist seit 300 Jahren im Besitz ein und derselben Müllerfamilie. Die Überlieferung will wissen, daß die Ursprünge bis ins 14. Jahrhundert zurückgehen und daß die Mühle einst geistlicher Besitz war, ehe die mächtigen unterschlächtigen Zwillings-Wasserräder die Geschlechterfolgen eigenständiger Müller ernährten. Der schwarzgrüne Kranz des Wassermooses an der Hauswand spricht von zahllosen Umdrehungen der von der Strömung des Mühlbachs getriebenen und die Mühle treibenden Räder.

Die hessische Landschaft gehört zu den stilleren, intimeren Deutschlands, und auch ihre Flüsse und Flüßchen fügen sich dienend in den Rahmen gemächlichen Temperamentes, beschaulicher Lebensart. Der Main kommt schon reichlich erwachsen in Hessen an; aber Fulda und Eder, Diemel und Kinzig und — auf unserer Aufnahme — die Lahn vertreten die eigentliche hessische Gangart. Sie wässern das Wiesen- und Weideland, zuweilen überfluten sie es auch — die Lahn tat sich dabei so häufig hervor, daß man sie schließlich zwischen den beiden Weltkriegen regulierte. Aber der Grundzug ihres Wesens ist idyllisch, und an schönen Tagen wirft ihr Spiegel da und dort Szenerien zurück, die im Leben des 20. Jahrhunderts einigermaßen kostbar geworden sind. Das gilt nicht allein für so stattliche und betagte Fachwerkbauten wie die Argensteiner Mühle im „Marburger Land" — es gilt wohl für das hessische Leben überhaupt... Noch heute hat zum Beispiel im nahen Marburg — ein Dutzend Kilometer stromaufwärts — das Human-Gesellige seine unangefochtene und selbstverständliche Ordnung: Der regelmäßige Markt ist ebenso farbenfroh und von Trachten belebt, wie das studentische Leben eingeboren und ohne provozierende Exaltationen ist. Zwischen Fulda, Eder, Main und Lahn gibt es manchen Zeugen großer Lebensart und Gesinnung — denken wir an den Limburger Dom, das Weilburger Schloß oder die Marburger Elisabethkirche. Aber alles streift ein Hauch Beschaulichkeit, und insofern ist die Argensteiner Mühle, so einzigartig sie als Mühle ist, doch wieder keine Seltenheit.   *R. H.*

THE ARGENSTEIN MILL in the Lahn Valley could have figured in the fairy tales of the Grimm brothers who collected many of their stories in Hesse. Picturesque, half-timbered houses characterize these villages.

LE MOULIN D'ARGENSTEIN. Dans la vallée de la Lahn, à proximité de Marbourg, le moulin d'Argenstein avec son joli colombage nous rappelle que, dans la Hesse, les frères Grimm ont recueilli leurs contes populaires.

Bacharach am Rhein · *Blick stromaufwärts*

Wiederbegegnungen mit Stätten der Jugend sind heute ein zwiespältiges Unterfangen geworden. Ich mußte es erfahren, als ich — nach fünfzig Jahren! — zum erstenmal wieder an einem Herbstabend in Koblenz einen Dampfer der „Köln-Düsseldorfer" bestieg, um rheinauf zu fahren und Bacharach wiederzusehen. Es war der behaglich mahlende Raddampfer meiner Jugend nicht mehr. Wo sich damals ein kleiner Kreis weinfroher Herren am Heck installiert hatte, um sich in aller Stille den Fluß hinaufzutrinken, saß jetzt eine Gruppe, die sich zu Ehren ihrer Rheinreise mit kleinen Strohhütchen geschmückt hatte, ihre Transistorengeräte neben sich. Die Loreley kam in Sicht. Mit einer Art von süßem Erschrecken (ich glaube, ich finde kein anderes Wort dafür) entsann ich mich, daß damals eine einzelne Mädchenstimme Heines Lied angestimmt hatte und daß bald alle Mitfahrenden einfielen, ein bißchen weinselig und trunken von romantischer Assoziationsfülle. Wie würde es jetzt sein? Es war so: Als der wuchtige, vielbesungene Felsen sich aus dem Wasser hob, setzte ein Lautsprecher ein und sandte lautstark die alte Weise über das schon lange nicht mehr kristallgrün strömende Wasser hin... Sollte diese empfindsame Reise in die Vergangenheit ein Irrtum sein? Sie war es nicht. Als ich in Bacharach das Schiff verließ, war da nicht alles wie ehedem? Da standen unversehrt die festlich heiteren Fachwerkbauten des „Alten Hauses" und des „Posthofes", da ragte die alte Peterskirche in den verdämmernden Abendhimmel, die Giebel drängten die herbstlich flammenden Rebhänge hinauf, und auf ihrem Hügel empfing mich das Filigran der Werner-Kapelle. Das Flußtal rundete die Biegung des Stroms zu einem See ab, und drunten glommen die ersten Lichter auf. Da empfand ich wieder, was Carus einmal gesagt hat: „Es war mir, als habe ich nun erst mein Vaterland gefunden." Wem es gelingt, sich nicht vom Zufälligen und Zeitbedingten irritieren zu lassen, dem erschließt sich gültig und zeitlos das Bild einer geliebten Landschaft auch heute noch. Ich war versöhnt und feierte dieses Fest der Wiederbegegnung im kühlen Gemäuer der Pfalzgrafenschänke mit einer Flasche vom Besten, der hier gedeiht. Und das will etwas heißen, denn hier wächst viel Köstliches — seit den Tagen Pius II., der sich gleich ein ganzes Fuder davon über die Alpen schaffen ließ.

Es wurde Nacht. Der Mond kam herauf und reinigte seinen alten Freund, den Fluß, von der Unbill seiner Verschmutzung. Er war wieder der silberne Strom, dem Brentano eins seiner schönsten Märchen gewidmet hat. Und auf einmal war mir, als hörte ich irgendwo eine Mädchenstimme singen. Ich täuschte mich nicht. Sie sang wirklich. *W. M. S.*

BACHARACH ON THE RHINE is nestled among vineyards. The romantic ruin of the Gothic Werner Chapel stands adjacent to the 13th century Saint Peter's Church. The view here is upstream toward Lorch.

BACHARACH, SUR LE RHIN est environné de vignobles célèbres. A côté de l'église S. Pierre (XIIIᵉ siècle), les vestiges de la chapelle de Werner, de style gothique. Vue en amont, vers Lorch.

Die Hüttenstadt Völklingen an der Saar, dem Zeitgenossen als zentraler Punkt der saarländischen Schwerindustrie geläufig und zuletzt durch eine große Grubenkatastrophe schmerzlich ins Bewußtsein der Öffentlichkeit gerückt, ist im Gegensatz zu vielen anderen Industriestädten eine urkundlich alte Siedlung, älter als manche der traditionsbeladenen Spielzeug-Städtchen, denen sich allgemeines Wohlwollen zuwendet wie der Bienenschwarm dem Fliederbusch. Fulcolingas heißt 822 ein Königsgut, das 999 noch einmal als Fulquilinga in einer Schenkung Ottos III. an den Bischof von Metz auftaucht.

Der Umstand, daß man dergleichen Objekte nicht in reizlosen Landschaften vermuten darf, weist wohl schon darauf hin, daß Völklingen — in weiterem Rahmen gesehen — eine Industriestadt nicht alltäglichen Charakters ist. Hinter dem technischen Bezirk des in einer Saarschleife plazierten Industriekerns sieht man das Grün bewaldeter Höhen, und neben den Wasserläufen der Saar, des Köllerbaches und der Rossel gibt ein ansehnlicher Stadtwald, der mehr als ein Viertel der bebauten Fläche bedeckt, Zeugnis davon, daß Natur und Technik einander nicht unbedingt ausschließen müssen. Aber die großen und der Welt sichtbaren Akzente setzen die Röchlingschen Eisen- und Stahlwerke, die Weltruf genießen und denen sich noch eine Reihe von Bergbaubetrieben, seit 1959 eine große Kokerei, zwei Großkraftwerke und einige Großbetriebe aus Baustoffindustrie und — der nahe Wald! — Holzbranche zugesellen. Rauchende Schlote, Gasbehälter, Hochöfen, Schrotthalden und Schlackenberge, Fabrikbauten und Gleisanlagen bestimmen Perspektive und Linienführung unserer Aufnahme, für welche die freundliche Beigabe der grünen Saarböschung und ihrer Spiegelungen nur den Rahmen bildet. Hier wird — beinahe Tag und Nacht — schwer gearbeitet, und was vom Gewinn dieser Arbeit in den Stadtsäckel gelangt, dient denn auch zu einem bedeutenden Teil dem Ausgleich, der Regeneration, der Pflege des Menschen außerhalb seiner täglichen Fron. Das kulturelle Leben der Stadt ist darum von erstaunlicher Regsamkeit und Vielfalt. Neben zehn Gesangvereinen und gemischten Chören bestehen neun Kirchenchöre! Eine noch junge Volkshochschule wickelt ein weit aufgefächertes Programm von Kursen, Arbeitskreisen, wissenschaftlichen und musischen Veranstaltungen ab, und der Bestand an Turnhallen, Sportplätzen und Freibädern ist bemerkenswert.

Fast 43 000 Einwohner zählt Völklingen, aber weitere 20 000 Menschen strömen tagtäglich ein und aus. Sie alle — im Verein mit den vielen Hunderttausenden der in der hochentwickelten Industrie des gesamten Saargebietes Beschäftigten — tragen Sorge dafür, daß „der Schornstein raucht". R. H.

VÖLKLINGEN ON THE SAAR is one of the centers of German heavy industry. It is surrounded not only by pit heaps but by pleasant wooded hills.

VÖLKLINGEN SUR LA SARRE, l'un des centres de l'industrie lourde allemande, est entouré non seulement de hautes haldes, mais aussi de collines agréablement boisées.

Trier · *Die Porta Nigra*

Sic transit gloria mundi. Dieser ahnungsvolle Stoßseufzer über die Vergänglichkeit irdischer Pracht scheint ungehört die Porta Nigra, diese düster-kraftvolle Manifestation römischen imperialen Denkens, zu umschweben. Was hier — wohl unter Kaiser Konstantin zwischen 306 und 316 — aus riesigen Quadern ohne Mörtel errichtet wurde, war einst das Nordtor der römischen Kaiserstadt Augusta Treverorum, durch das die klirrenden Kohorten der Caesaren mit stolzen Feldzeichen ein- und ausmarschierten. Nur wenig verfallen, der gelbliche Sandstein stellenweise dunkel verwittert, so steht die Porta Nigra noch heute mächtig vor uns als Erinnerungsmal eines Volkes, das, gesund, derb, unbekümmert und daseinszugewandt, den Erfolg auf seine Fahnen geschrieben hatte. Es hat erobert, kolonisiert — und schließlich doch auf den Trümmern seiner Macht kapituliert.

Die Porta Nigra ist das markanteste Überbleibsel der mehr als vierhundertjährigen römischen Herrschaft an der Mosel. Noch heute ist Trier wahrlich nicht arm an Zeugnissen der römischen Epoche. Da wären etwa die buschüberwucherten Mauerreste des Amphitheaters aus dem ersten Jahrhundert n. Chr. zu erwähnen, das auf eine Zahl von 30 000 Zuschauern berechnet war, die Ruinen der Kaiserthermen aus dem vierten und der Barbarathermen aus dem 2. Jahrhundert n. Chr., große beheizte Badeanlagen, und jene gewaltige Halle, die Basilika, in der die römischen Kaiser Hof hielten.

Als zur Zeit des Verfalls des römischen Imperiums auch die Mauern und Tore Triers nicht mehr genügend Sicherheit gegen die Barbaren des Nordens boten, wurde die kaiserliche Residenz aus der gefährdeten Provinz ins Mutterland zurückverlegt. Kurz darauf, in der ersten Hälfte des 5. Jahrhunderts n. Chr., besetzten Franken die Stadt. Trotz der Kriegsleiden konnte sich die Bevölkerung nicht der römischen Lebensweise entwöhnen. „Flüchtlinge Triers", ruft ihnen Salvian zu, „ihr wollt Schaustellungen, ihr verlangt von den Kaisern Zirkusspiele: für welchen Staat, ich bitte euch, für welches Volk, für welche Stadt?"

Schon unter Konstantin dem Großen hatte die christliche Welt ihren Einzug gehalten, aber erst Jahrhunderte später, im hohen Mittelalter, setzte sie gegen die kyklopischen Quadern der römischen Repräsentationsbauten die Demonstration ihres neuen Weltgefühls. Aus einer römischen, bereits christlichen Doppelbasilika des vierten Jahrhunderts erwuchsen der romanische Dom und die gotische Liebfrauenkirche. Die Bischofsstadt, Bewahrerin des einzigen Apostelgrabes nördlich der Alpen, füllte sich mit Kirchen und Klöstern. Aber dennoch: Lebt in ihren Putten, die Jahrhunderte später über ihre Barockarchitektur hingeistern, nicht noch etwas von den Eroten, zu denen einst die römische Kunst den hellenischen Liebesmythos verniedlicht hat? *W. M. S.*

TRIER. The Porta Nigra, or Black Gate, built probably in the 4th century, is the most spectacular relic of Roman rule on German soil. It was the city gate to ancient Augusta Treverorum, the "Rome of the North".

TRÈVES, ancienne résidence impériale. La «Porta Nigra» est le plus beau monument restant de l'époque romaine sur le sol allemand. La ville renferme en plus d'autres ruines importantes (IIIᵉ et IVᵉ siècle).

Es hat den Burgherren von Eltz (oder Elce, wie der erstmals 1157 urkundlich erwähnte Graf Rudolf sich schrieb) im Laufe ihrer langen Familiengeschichte einmal wenig genutzt, daß sie ihre Burg auf dem schroffen Schieferfelsen eines unzugänglichen Bachtals errichtet hatten — statt am Moselufer selber, das als Durchgangsstraße jedem Zugriff offen lag. Das war, als der Erzbischof Balduin von Trier, einst luxemburgischer Graf, ringsum an Rhein, Lahn und Mosel zahlreiche Burgen belagerte, zerstörte und wiederaufbaute und sein Territorium zu einem mächtigen Einflußgebiet ausweitete. Dabei waren ihm die Herren von Eltz auf ihrer hochragenden Burg sozusagen ein Dorn im Auge, weil sie lieber auf eigene Faust zu herrschen gesonnen waren, als sich seinem geistlich-weltlichen Anspruch zu fügen. Balduin baute daher 1331 auf dem benachbarten Felsen eine zweite Burg, die Trutzeltz, von der aus er die widerspenstigen Herren mit enormen Steinkugeln bombardierte, die allerdings kaum nennenswerten Schaden angerichtet haben dürften. Schlimmer war es, daß er ihnen in zäher Belagerung die Zufuhr abschnitt, so daß sie fünf Jahre später zur Übergabe gezwungen waren und sich dem Willen des energiegeladenen Welt- und Kirchenfürsten beugen mußten.

Immerhin, die Burg Eltz blieb unzerstört, und sie blieb es auch durch die Jahrhunderte, bis 1920 ein Schadenfeuer einen großen Teil der Burghäuser vernichtete. In diesen Burghäusern saßen die einzelnen Familien der Grafen von Eltz, sozusagen in Wohngemeinschaft; die ganze Anlage war ein sogenanntes Ganerbenhaus, in dem sich die verschiedenen Zweige der Sippe nach älterem deutschen Recht in das Erbe zu teilen hatten. Da gab es die Rübenacher, die Kempenicher und Rodendorfer Eltze, und jede der Familien brachte ihre eigene Geschichte und natürlich auch ihren eigenen Wohnbesitz mit. Viel von ihm ist erhalten, und so zeigen die nach der Wiederherstellung vortrefflich instand gehaltenen Häuser der Burg eine Fülle kulturhistorisch interessanter Details aus mehreren Jahrhunderten.

In der Burg Eltz haben wir ein willkommenes Beispiel der mittelalterlichen „Randhausburgen" vor uns. In ihrer elliptischen Anlage mit Giebeln, Erkern, Dächern und Türmchen verkörpert sie völlig die Vorstellung des von der Romantik verherrlichten Ritterwesens. Ihr Bild, wie sie über den Felsen hinauswächst und vor dem verdämmernden Hintergrund der Bergwälder steht, gehört zu den unvergeßlichen Eindrücken, die man auf einer Reise in die Vergangenheit empfängt.   *W. M. S.*

ELTZ CASTLE near Moselkern. This ancient stronghold, situated in a solitary valley off the Moselle River, has been in the possession of one and the same family since 1150.

LE CHÂTEAU D'ELTZ, près de Moselkern, situé dans une vallée solitaire un peu en dehors de la Moselle, appartient à la même famille de comtes depuis 1150.

An der Mosel · *Beilstein*

Unser Ort heißt Beilstein. Er ist eines der gut fünfzig Dörfer und Städtchen, die den gewundenen Lauf der Mosel säumen und Namen tragen, die dem Liebhaber und Kenner erlesener deutscher Weine das Wasser auf der Zunge zusammenlaufen machen. Ein Ort von besonderer Art: winkelig, eng, verschachtelt, stufenreich, im Fels verankert, von einer verfallenen Burg (der Metternichs) und einem Karmeliterkloster überragt, verwunschen, mit Patina bedeckt — ein Stück überkommenen Mittelalters. Am Bild Beilsteins läßt sich ablesen, wie manche der freundlichen und — vom Trinker her gesehen — ruhmreichen Orte der Mosellandschaft ausgesehen haben mögen, ehe sich in ihnen Neues mit Altem, das in Beilstein unangetastet blieb, mehr oder weniger glücklich mischte. Darüber hinaus ein Ort von bemerkenswerter Eigenart, indem er einst den Juden der Mosel — gegen hohes Schutzgeld freilich — Sicherheit und Wohnrecht gab, das von den jeweiligen Landesherren verbürgt war. Kein alltäglicher Ort also, und dennoch, in seinem Verhältnis zur Landschaft, nur eine unter vielen bezaubernden „Randnoten", die den Weg des Flusses begleiten, wenn auch die originellste zwischen Trier und Koblenz. Der Lage des Ortes abseits vom Mahlstrom des Verkehrs verdankt der in Beilstein Einkehrende eine unverfälschte Begegnung mit allen guten Geistern der Mosel.

Wer diesen nach Lauf, Geschichte, Ruf und Überlieferung einzigartigen Fluß nach Meilen messen wollte, wäre bald am Ende. Ein tiefer Blick aber — ins Bild wie ins Glas — verrät uns, daß hier andere Maßstäbe gelten. Dieser Landschaft ist weder mit der Generalstabskarte noch mit dem Tachometer, weder mit Kanalisierung noch mit Liebeskummer beizukommen. Weder der Landschaftsschwärmer, der sich Wanderwege an den Hängen sucht, noch der besinnliche Flußwanderer werden das Geheimnis der Mosel lüften. Kein Schwimmer, Ruderer und kein Läufer wird es erjagen. Allein der Trinkende wird es *ersitzen* und schließlich *besitzen* . . .

Das will sagen, daß die Mosel ihre wundervollen Schleifen nicht aus Müßiggang zieht oder aus Umstandskrämerei. Sie tut es vielmehr (stelle ich mir vor) in einer Art von narzißhafter Selbstgenüßlichkeit, die das Laster aller Schönheit und allen Wertes ist, die sich selbst erkennen. Mögen im Frühling die Aprikosenbäume blühen, im Sommer die schier endlosen Rebhänge grünen — was an der Mosel wiegt, ist die Lese im Herbst. Danach wird sich zeigen, ob das immer wieder bewegende Wunder der Wandlung vollzogen ist: die Gestaltwerdung einer himmlischen Landschaft in der Essenz der Gottesgabe Wein.   *R. H.*

THE MOSELLE, winding and twisting its way toward Coblence, is known for its superb wines, just as its big brother, the Rhine. Beilstein is a typical wine village on the romantic river.

LA MOSELLE, décrivant d'innombrables méandres avant de rejoindre le Rhin, à Coblence a un vin blanc tout aussi réputé que celui du Rhin. Beilstein, un village typique de vignerons.

Es ist ein langer Weg, den die „Musenstadt" am Rhein von der Gründung der „Castra Bonnensia" des Nero Claudius Drusus über die erzbischöfliche und kurkölnische Residenz bis zur Bundeshauptstadt zu gehen hatte. Und hätte die Stadt nicht vom Bataveraufstand im Jahre 69/70 n. Chr. über eine Reihe von Belagerungen, Zerstörungen und späteren Bombardements (unter dem Brandenburger Friedrich III. Anno 1680) bis zu den Schrecken des Zweiten Weltkrieges das Schicksal so vieler deutscher Städte teilen müssen, dann wäre ihr Lebenslauf wohl wie das behagliche Schlendern eines Alteingesessenen gewesen, der nach einem oder mehreren Hümpchen in einer der alten traulichen Kneipen seinen Spaziergang am Rhein entlang machte — angesichts der blauen Kette des Siebengebirges, des weißen Blusts der Obstgärten und des blaugrün strömenden „Vater Rhein". Ich weiß nicht, ob heut noch die Nachtigallen in den Parks der Koblenzer Straße schluchzen — damals taten sie es. Vielleicht sind sie vor den schwarzen Limousinen der Regierungsbeamten geflohen?

Bonn hat nie den Charakter einer Residenz verleugnet. Das Poppelsdorfer Schloß am Ende einer der schönsten Kastanienalleen, die ich kenne, das pompöse Koblenzer Tor (eine Schöpfung Leveillys aus dem Jahre 1751) und der später zur Universität gewandelte kurkölnische Schloßbau beweisen es ebensogut wie das Palais Schaumburg der Kaiserlichen Schwester Viktoria, die hier, wo heute der Bundeskanzler seinen Dienstsitz hat, einen bescheidenen, aber höchst „soignierten" Hof hielt. Und nun sind es also, seit Bonn am 10. Mai 1949 im heutigen Bundeshaus zur vorläufigen Bundeshauptstadt gewählt wurde, repräsentative Regierungsbauten, die in gewandelter Form die alte Tradition fortsetzen.

Residenz war Bonn aber auch in einem viel nachdrücklicheren Sinne: Im 18. Jahrhundert kurfürstliche, 1818 rheinpreußische Universität, hat es weithin befruchtendes Geistesleben entwickelt. Große Namen sind an Bonns Geschichte geknüpft: August Wilhelm Schlegel, die Gebrüder Boisserée, Ernst Moritz Arndt und Karl Simrock sind nur einige wenige von ihnen.

Auch auf ihre künstlerische Tradition darf die Stadt stolz sein. Das puppenhaft kleine, urgemütliche alte Stadttheater war, um nur die jüngere Vergangenheit zu erwähnen, das Sprungbrett vieler junger Talente: Agnes Straub spielte hier zum erstenmal Schillers Johanna, Eugen Klöpfer, Emil Jannings und Paul Wegener verdienten sich hier ihre Sporen.

Lebendige Erinnerung steht dem jungen Leben nicht im Wege. Beweisen es nicht die ehrfürchtigen Gesichter der jungen Menschen, die behutsamen Schrittes die karge Dachkammer des Hauses in der Bonngasse betreten, in der Beethoven geboren wurde? W. M. S.

BONN, known formerly as a university town on the Rhine and Beethoven's birthplace, has been the provisional capital of the Federal Republic since 1949. In the picture: West Germany's house of parliament.

BONN, sur le Rhin, connu autrefois surtout pour son université et pour être la ville natale de Beethoven, est aujourd'hui la capitale provisoire de la République Fédérale. La photo montre le quartier du Parlement.

Aachen · *Chor des Doms*

Der hochgotische Chor des Domes zu Aachen, der an die Sainte-Chapelle von Paris erinnert — mit der Fülle farbig gebrochenen Lichts, das durch die in Glas aufgelösten, fast schwerelos gewordenen Wände strömt —, ist eine späte Zufügung zu der ehrwürdigen karolingischen Pfalzkapelle, die abendländische Geschichte so eindringlich verkörpert wie kaum ein anderer Bau. Der Karlsschrein, dessen Giebelfront in unserem Bild hell leuchtend über dem Choraltar und dem goldenen Antependium des Hauptaltars erscheint, ist ein Meisterwerk der Goldschmiedekunst aus ihrer größten Zeit, der Wende vom romanischen zum gotischen Zeitalter: Im hohen Mittelalter wurde er geschaffen, nach der Heiligsprechung Karls des Großen (1165) — als eine Apotheose des Heiligen Reiches, seiner Aufgabe und Würde, so wie der große Kaiser aus fränkischem Stamm sie begründet hatte. Europas politische Einheit, uns Heutigen ein selbstverständliches Wunschbild, ist vielleicht von keinem Mächtigen der Geschichte in ihrer — damals möglichen — Gestalt so vorempfunden und vorgebildet worden wie von Karl, dem Frankenkönig und späteren Kaiser. Das Datum seiner Kaiserkrönung — Weihnachten 800 durch Papst Leo III. in Rom — gehört zu jenen Geschichtsdaten, die auch ein nicht mit besonderer Gedächtniskraft Begabter behält; es ist in mehr als einer Hinsicht merkenswert.

Carolus Magnus, von wohlgesonnenen Zeitgenossen als „Leuchtfeuer Europas" gepriesen und von italienischen Schriftstellern sogar als Carolus bonus erwähnt, hat seine Vorliebe für Aachen, den Ort der heißen Quellen, der schon den Römern ein willkommener Platz im Rahmen ihrer Besatzungspolitik war, nicht nur durch die Erbauung der Aachener Pfalz dokumentiert, die schließlich sein ständiger Aufenthalt wurde. Er hat diese Vorliebe auch durch die Errichtung der — wie sein Biograph Einhard sagt — „mit wunderbarer Kunst erbauten Basilika der heiligen Gottesgebärerin zu Aachen" gekrönt. Für diese Pfalzkapelle habe Karl, so versichert Notker von St. Gallen, selbst den Plan entworfen, an dessen Ausarbeitung dann seine engsten Mitarbeiter und Freunde mitgewirkt hätten. Die Aufnahme mancher typisch römischen Motive in den ornamentalen Bereich der Pfalzkapelle — des Pinienzapfens zum Beispiel oder der Figur der Wölfin im Vorhof — ist möglicherweise der Italien-Erfahrung Karls zuzuschreiben.

Eines steht fest: Der Bau Karls des Großen ist bis heute der Kern des Aachener Doms, der Chor seine ebenbürtige Erweiterung. So ist das Ganze des Domes ein Denkmal für Karl, seine Grabstatt, so wie die Errichtung des Bauwerks einst sinnfälliger Ausdruck seiner Ideen war. Karl und Aachen gehören zusammen.   *R. H.*

AACHEN CATHEDRAL. The cathedral at Aachen, or Aix-la-Chapelle, dates to the 9th century. The Gothic choir was added to the church of Charlemagne in the years 1355-1414.

LA CATHÉDRALE D'AIX-LA-CHAPELLE. Le chœur gothique (1355-1414) fut ajouté à la chapelle de Charlemagne (consacrée vers 800). Au-dessous de la Madone (1524): la châsse de Charlemagne (1215) et l'autel en or (1020).

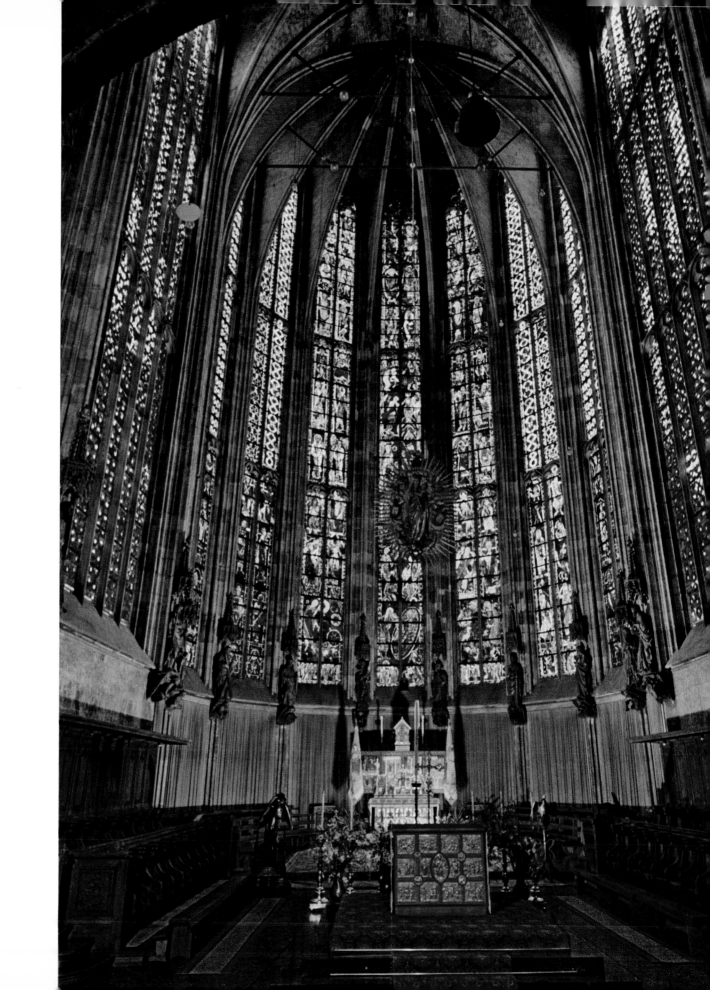

Wollte man die historisch verbürgte Tatsache, daß der römische Feldherr Vipsanius Agrippa im Jahre 38 v. Chr. die Ubier in die Gegend des heutigen Köln umsiedelte, als eine Art Geburtsurkunde der Stadt verstehen, so wäre Köln gerade zwei Jahrtausende alt. Aber ob man nun dieses Datum in die Zeitrechnung einsetzt oder das der Verleihung der Stadtrechte durch die Nero-Mutter Agrippina (50 n. Chr.) — Köln ist eine altehrwürdige Stadt. Seit 785 ist sie Erzbistum (durch Karl den Großen), seit 1052 heißt sie „Santa Colonia", und seit 1388 beherbergt Köln die erste deutsche Universität, die auf Initiative einer Stadt hin gegründet wurde. Ein Gemeinwesen, reich an Überlieferungen und an Kunstschätzen, stark an Ausstrahlung — Metropole des Rheinischen und des Katholizismus, eine Hochburg irdischer und religiöser Lust. In der Unbefangenheit, saftige Diesseitsfreude mit heiter-naivem Jenseitsglauben zu verbinden, ist Köln nur einer Stadt annähernd vergleichbar: dem italienischen Neapel. Es ist dabei gleichgültig, ob man solche Verwandtschaft aus der Römerzeit erklären oder in ihr eine zufällige Parallele erkennen möchte — für jeden, der beide Städte und ihre Menschen kennt, sind die gemeinsamen Wesenszüge offensichtlich. Sie erschöpfen sich längst nicht mit dem Phänomen lebensfreudiger Katholizität; sie begegnen sich verwandtschaftlich auch in der Pfiffigkeit, im Witz, in einer unangestrengten Selbstironie, in der Lust am Feiern, dem Vergnügen am Kompromiß, dem Spaß am gelungenen Spaß. Selbst den beiderseitigen Dialekten wird ein phonetisch geschultes Ohr Anklänge ablauschen: den leicht komödiantischen, singenden Kirmes-Ton, die heitere, gewissermaßen gliederschlenkernde Lässigkeit der Sprachmelodie, die auch vor leichtherziger Verballhornung und Verrenkung der Wortkörper nicht zurückschreckt. Wer den Kölnern auf die Sprünge kam, ist den Neapolitanern schon auf der Spur. Köln ist eine „romanische" Stadt.

Der Fremde verbindet mit dem Begriff Köln vor allem zwei Dinge als typisch: den Dom und den Kölner Karneval. Und ganz gewiß: beides drängt sich hinreichend auf, das eine dem Auge, das andere dem Ohr. So wie der Karnevalslärm unüberhörbar, so ist die Silhouette des mächtigen Baus unübersehbar. Der Reisende hat kaum den Zug verlassen, da präsentiert sich ihm das himmelanstrebende gotische Bauwerk. Und weil es „gotisch" ist, das Temperament der Kölner aber „romanisch", möchten wir glauben, daß Groß St. Martin oder St. Pantaleon oder auch St. Maria im Kapitol im Grunde noch kölnischer seien als der sie alle überragende Dom — so wenig wir seinem nationalen und internationalen Ruf Abbruch tun möchten. In Verbindung mit der großen Rheinbrücke erweist er sich auf imponierende Art als repräsentativ — und fotogen.   *R. H.*

COLOGNE ON THE RHINE, with its Hohenzollern Bridge. Its majestic cathedral was built over a period of six centuries, from 1248 to 1880. Third-largest city in Western Germany, Cologne has a population of 835,000.

COLOGNE SUR LE RHIN, avec le pont Hohenzollern. Dans cette ville, la troisième de l'Allemagne occidentale, vivent 835.000 habitants. La cathédrale, commencée en 1248, ne fut achevée qu'en 1880.

Düsseldorf · *Jan-Wellem-Platz mit Thyssen-Haus*

Was in knapp sechshundert Jahren aus dem schlichten rheinischen Fischerdorf geworden ist, seit Herzog Wilhelm von Berg es zu seiner Residenz gemacht hat, kulminiert, symbolisch fast, in diesem Bau, der seit wenigen Jahren nahezu hundert Meter hoch über dem Jan-Wellem-Platz in Düsseldorf aufragt. In der Strenge seiner Konstruktion weist das Gebäude, stellvertretend für mehrere ähnlich kühne Konstruktionen im heutigen Bild der Stadt, auf ein völlig neues Leben des Gemeinwesens hin, das einst als eine heitere Kunststadt gerühmt wurde und mit dem schwerindustriellen Aufschwung, den die nordostwärts benachbarten Gebiete im Laufe der letzten hundert Jahre erfuhren, allmählich zum „Schreibtisch des Ruhrgebietes" wurde. Hier herrscht die Welt der großräumigen Kalkulation, der neuen Wirtschaftsordnung, der gelenkten Planung, der technischen Perfektion. Man sieht es diesem scharfkantigen, sparsam konturierten Koloß schon von außen an, daß in seinem von Stahlgerüsten getragenen Leib ein bis in die letzten Funktionen genau geprüftes und wie ein Maschinenaggregat ineinanderspielendes Leben pulst, die Verwaltung eines der markanten Industrieunternehmen unserer Zeit. Der Unbefangene ahnt nicht, welche raffinierten Berechnungen angestellt werden mußten, um in diesem Termitenbau das Leben reibungslos ablaufen zu lassen, wieviel Finessen der Geräuschsicherung, der Heizung, Belüftung und Klimatisierung — nach amerikanischen Vorbildern nebenbei — von den Ingenieuren, die heute den Architekten früherer Zeiten ablösen, ersonnen und angewandt worden sind. Es ist ein Leben unter völlig neuartigen Bedingungen. Fenster dienen nicht mehr der Zufuhr frischer Luft, sie sind nicht zu öffnen und lediglich Quellen des Lichts, das gratis und franko geliefert wird von der Sonne, die den Bau bescheint; die Räume sind zu Zellen geworden, die je nach dem funktionellen Bedarf beliebig verwandelt werden können. Jede Achse des Riesenbaus ist für sich allein lebensfähig; klimatisch und elektrisch gesondert versorgt.

Eine solche Perfektion, bis zur letzten Konsequenz durchdacht, erzeugt eine für viele noch befremdliche, aber unbezweifelbare Schönheit. Wer den Bau vom Hofgarten aus hinter grünen Laubschleiern und spielenden Fontänen betrachtet, wird es zugeben müssen. Wir haben uns ästhetisch neu zu orientieren, wir haben zuzustimmen, daß das Gesicht unserer Städte ein anderes werden muß als das vertraute des letztvergangenen halben Jahrhunderts. Neue Generationen werden angesichts dieser Monumentalbauten vielleicht den gleichen Stolz und die gleiche Hochachtung empfinden wie die vergangenen vor den Meisterleistungen mittelalterlicher Bauhütten. Es ist eine Frage des Standpunkts. *W. M. S.*

DÜSSELDORF. The Thyssen Building, on Jan Wellem Platz. Düsseldorf, with its 705,000 population, is the administration center of Rhineland-Westphalian industries.

DÜSSELDORF. Le gratte-ciel Thyssen, sur la place Jan Wellem, dans la métropole de l'industrie de Rhénanie-Westphalie, qui est aussi une ville très élégante (705.000 habitants).

Im Ruhrrevier · *Hüttenwerk in Duisburg-Ruhrort*

Eine farbige Wolke wälzt sich dem Flugzeug entgegen, das über die Hüttenwerke Phoenix-Rheinrohr in Duisburg-Ruhrort hinfliegt. Sie verhüllt die Wohnstätten der Menschen hinter dem gewaltigen Komplex von Hallen, Schloten und Gleisanlagen und läßt kaum mehr den Rhein ahnen, der — am oberen Bildrand — auf Schleppkähnen das Erz heranträgt, welches hier im Revier mit Hilfe der Kohle zu Eisen und Stahl verarbeitet wird. Diese Welt der Kohle und des Stahls ist es, von der nach Ansicht der Wirtschaftsexperten und Politiker die gemeinsame europäische Zukunft abhängen soll.

So überwältigend der Eindruck auch sein mag, den diese Anlage im laienhaften Betrachter erweckt — sie ist nur ein Teil des gewaltigen Produktionsapparats der Thyssen-Gruppe, die gegenwärtig in ihren Werken ca. 95 000 Arbeiter und Angestellte beschäftigt und die wiederum nur einen Einzelbeitrag zur Kapazität der im Jahre 1952 gegründeten Europäischen Gemeinschaft für Kohle und Stahl leistet, einen allerdings beträchtlichen.

Was hier verhüttet wird, gewinnt in den Werken des Gesamtunternehmens Gestalt: Stahlrohre, Grobbleche und Profile, Hochdruckbehälter, Schiffsmasten, Ladebäume, Rammrohre, um nur einen verschwindend kleinen Teil des Produktionsprogramms zu erwähnen — technische Hilfsmittel aller Art also, ohne die das Leben des heutigen Menschen nicht mehr denkbar ist. Nirgendwo in der Alten Welt findet sich eine solche Zusammenballung der technisch gestaltenden Kräfte — Eisen, Kohle und Wasser — wie im Ruhrgebiet und insbesondere hier um Duisburg — ein Komplex, der als europäisches schwerindustrielles Zentrum im Kreise der wirtschaftlichen Welt einen Namen von knappem, sonorem Klang erhalten hat: *Montan.* Wir wissen, daß die von der Kohle gekennzeichnete Epoche ihrem Ende entgegengeht und daß neue Kraftquellen sich zu erschließen beginnen. Was sie uns bringen werden, ist noch nicht abzusehen. Vorläufig aber — und unser ganzes heutiges Leben nimmt ja Züge des Wandelbaren und Vorläufigen an — rauchen die Schlote des Reviers. Um der damit verbundenen lufthygienischen Probleme Herr zu werden, gibt die Schwerindustrie des Reviers große Summen aus, mit deren Hilfe kostspielige Filteranlagen entwickelt werden.

So also sieht, in der raumraffenden Perspektive der Luftkamera, die Welt aus, in der die Menschen am Werk sind, die, dem flammenden Element des Hephaistos verschrieben, ihre Sehnsucht nach Natur, nach Wasser und Luft in der weiteren Umgebung ihrer Arbeitsstätten stillen — dort, wo sich, tröstlicher Gedanke, im Ruhrtal selbst, am Niederrhein oder im Bergischen Land noch Szenerien von überraschender Naturschönheit erhalten haben. *W. M. S.*

IN THE RUHR DISTRICT. Duisburg, an important center of heavy industry, is situated near the confluence of the Rhine and Ruhr Rivers. Shown here are the Phoenix-Rheinrohr iron and steel works in Duisburg-Ruhrort.

DANS LA RUHR. Près du confluent du Rhin et de la Ruhr se trouve Duisbourg, l'un des principaux centres de la région industrielle. Vue sur les usines sidérurgiques Phoenix-Rheinrohr, à Duisbourg-Ruhrort.

Essen · *Der Baldeneysee*

Rund 730000 Menschen, die unter der Dunstglocke von 15 Schachtanlagen, vier Kokereien, gigantischen Werken der Stahlindustrie und eines in Zahlen kaum zu fassenden Verkehrs leben, sehen sich physischen und psychischen Belastungen ausgesetzt, die schon beinahe einer Zerreißprobe menschlicher Anpassungsfähigkeit gleichkommen. Ein derartiger, trotz aller Bemühungen nicht abnehmender Druck erzeugt Gegendruck, und aus solchem Spannungsverhältnis können erstaunliche Impulse frei werden. So ist es der Fall im Herzen des Reviers, in Essen, dessen Menschen, staatspolitisch gesehen, zwar auf rheinischem Boden leben, in ihrer Anlage jedoch eher die schwerblütig-zähen Eigenschaften des Westfalen und sein Beharrungsvermögen aufweisen.

So haben die Essener also herzhaft ihre Probleme angepackt, seit ihre Stadt in anderthalb Jahrhunderten (Krupp hat zu Anfang des 19. Jahrhunderts mit vier Arbeitern begonnen!) zur Arbeitsmetropole der rheinischen Kohlen- und Stahlindustrie geworden ist. Sie haben der harten Notwendigkeit ihres Arbeitsdaseins freie Räume im Geistigen und Materiellen entgegengesetzt. Ihre kulturellen Institute (Theater, Museen, Folkwangschulen) genießen weithin Ruhm, ihre sozialen und hygienischen Leistungen dokumentieren sich in vorbildlichen Siedlungen und großartig geplanten Grünanlagen. Die erstaunlichste Schöpfung solcher Art (neben dem Blumenparadies der Gruga) ist der Baldeneysee, ein überzeugender Beweis dafür, daß Eingriffe in die Natur nicht notwendigerweise zerstörerisch zu sein brauchen. Die Anlage dieses Kunstsees entsprang zunächst einer elementaren Notwendigkeit. Es galt, die Selbstreinigungskraft der Ruhr, der wichtigsten Quelle des Reviers für Industrie- und Trinkwasser, zu stärken. Auf einer Länge von fast 10 Kilometern wurde der Fluß gestaut, und als das Werk im Jahre 1933 beendet war, zog sich dieses Kunstgebilde in eleganter Kurve an Parks und Waldungen hin, z. T. früherem Besitz der Familie Krupp, den sie für die Öffentlichkeit freigegeben hat. Wenn man heute dieses reizvolle Wechselspiel sorgsam gepflegter Parkanlagen im englischen Stil und der weiten, von den Akzenten der Segel heiter belebten Wasserfläche betrachtet, so begreift man, daß Essen sich hier ein Refugium geschaffen hat, in dem die Unerbittlichkeit der industriellen Entwicklung vor einem einzigartigen, wie eine Naturschöpfung wirkenden Landschaftsparadies haltmacht. Es breitet sich zu Füßen der beinahe legendär gewordenen Residenz der Krupps, der Villa Hügel, aus: ein seltenes Beispiel für eine geglückte Verschmelzung von ehemaliger privater Repräsentation und moderner behördlicher Planung — ein Geschenk für Generationen.   *W. M. S.*

Essen. The "Baldeneysee" was created as an artificial lake in 1933 near "Villa Hügel", the former seat of the Krupp industrial family. The area is now a favorite recreation center.

Essen. Le «Baldeneysee», un réservoir dans la vallée de la Ruhr, fut achevé en 1933. Au premier plan, la «Villa Hügel», ancienne demeure de la famille Krupp.

Dortmund · *Luftbild der Westfalenhalle*

Wer den Namen Dortmund hört, ohne diese Stadt näher zu kennen, wird an Kohle, Eisen — und Bier denken, und er wird es bei der Vorstellung bewenden lassen, daß es sich hier um typischen „Ruhrpott" handele. Und freilich: wo über zwanzig Prozent des im Ruhrgebiet „erblasenen" Roheisens und etwa fünfundzwanzig Prozent des Rohstahls gewonnen werden, da ist an der Führungsrolle von Kohlenbergbau und Eisenindustrie nicht zu zweifeln, zumal die lokale Mitgift — der besonders harte Dortmunder Ruhrkoks — im Verein mit den Anlagen der Eisenindustrie auch die weiterverarbeitenden Betriebe auf seltene Art begünstigt. Unter den Maschinenfabriken, Stahlbau- und Brückenbaufirmen gibt es solche von Weltruf. Und was Kohle und Eisen nicht erreichen sollten, das schafft auf jeden Fall das schmackhafte Bier: Dortmunds Ruf weithin zu tragen ...

Niemand möchte leugnen, daß hier harte und lohnende Arbeit geleistet wird. Aber in Dortmund nichts als eine Metropole industriellen Schaffens erkennen wollen, das hieße, sich eines Mitverständnisses schuldig zu machen. Die kulturellen Ambitionen der Stadt — verkörpert im Max-Planck-Institut, einer Bergschule, einer Ingenieurschule, einem Auslandsinstitut und einer Werkkunstschule — verleugnen zwar nicht ihre Beziehung zur Industrie; aber es fehlt auch nicht an wertvollem Kulturbesitz in den ehrwürdigen Gotteshäusern des alten Vororts der Hanse am „Hellweg" (wie der romanischen Marien- und der gotischen Reinoldikirche) oder in den Archiven und Museen, an vielseitigen Spielplänen im Theater- und Musikleben, an einem reichhaltigen Vortragskalender. Eines aber gibt Dortmund seit längerem eine besondere Note: die beharrlich und zielstrebig in die Wirklichkeit umgesetzte Tendenz zu weiträumiger Erschließung noch unbebauter Flächen — für Parks und Grünanlagen, Stadien und Freibäder.

Die Stadt hatte schwer gelitten im Zweiten Weltkrieg; sie glich in den Jahren 1945 bis 1947 einer Kraterlandschaft. Aber sie hat den Wiederaufbau — gerade zur Erschließung eines großen Erholungsgebietes — vorbildlich zu nutzen verstanden. Zentraler Punkt unseres Bildes ist die Westfalenhalle, die fast 25 000 Menschen aufnehmen kann, Stätte zahlloser internationaler Sportveranstaltungen — Sechstagerennen, Reit- und Fahrturniere, Hallenmeisterschaften der Leichtathleten, Boxkämpfe —, um die herum sich ein Erholungszentrum gebildet hat. Man hat sich nicht mit der Nähe des Ruhrtals und der südlich angrenzenden Waldungen und Kornfelder begnügt, sondern jede sich bietende Gelegenheit — zuletzt die große Bundesgartenschau 1959 — wahrgenommen, „Natur" an die Stadt heranzuziehen. Im ehrenvollen Wettstreit, der sich insgeheim zwischen den Städten des Reviers abspielt, hat Dortmund es verstanden, eine mächtige wirtschaftliche Potenz klug und glücklich mit den Ansprüchen des Menschlichen zu verbinden. *R. H.*

DORTMUND, with 650 000 inhabitants, is the largest city in Westphalia and a center of heavy industry. The Westfalenhalle, an auditorium seating 25,000, is used for athletic and cultural events.

DORTMUND, 650.000 habitants, est un centre de l'industrie lourde. La «Westfalenhalle», bâtie en 1952 pour des manifestations sportives et culturelles, peut recevoir 25.000 personnes environ.

Kassel · *Wasserspiele von Wilhelmshöhe*

Italienreisen zeitigen unterschiedliche Ergebnisse: Goethe hat sein Lebenswerk um seine großartigen italienischen Reiseberichte vermehrt — und der Landgraf Carl von Hessen verliebte sich gelegentlich seiner Italienreise im Jahre 1699 derartig in die Wasserkünste von Spoleto, Terni, Tivoli, Frascati und Florenz, daß er beschloß, ein paar Kilometer westlich von seiner Kasseler Residenz einer Reminiszenz seiner italienischen Eindrücke in künstlichen Felsgebilden und sprudelnden Kaskaden Dauer zu verleihen.

Er betraute damit den Italiener Giovanni Francesco Guerniero, der nun im kalten Norden seine Künste spielen ließ. Der steile Osthang des Habichtswaldes wurde in ein Gefälle von Kaskaden verwandelt. Künstliche Felsen aus Basalttuff begleiten den über viele Stufen geführten Sturz der Wasser und türmen sich auf der Höhe zu einem Fundament für das „Riesenschloß", einen Oktogonalbau von beträchtlicher Höhe. In pittoreskem Spiel mit dem Baumaterial wachsen seine drei übereinanderliegenden Bogengewölbe ineinander; das oberste trägt zudem einen etwa 30 Meter hohen Obelisken, auf den der kunstfreudige Landgraf eine zehn Meter hohe Kupfertreibarbeit des Augsburgers Johann Jakob Anthoni stellen ließ: eine Nachbildung des Herkules Farnese, von den Kasselern ziemlich respektlos „großer Christoph" genannt. Das Werk hat den Augsburger vier Lebensjahre, 1713-1717, gekostet, und auch sonst wurde nicht mit Opfern und Mühen der Untertanen gespart. Aber die Herrscher des *Dixhuitième* liebten es nun einmal, sich mit Heroen der Antike zu identifizieren, und so überschaut denn der hochgestellte Halbgott, auf seine Keule gestützt, heute wie damals das Werk seines irdischen Stellvertreters. Er ruht sich vom Kampf aus, denn er hat soeben dem Giganten Enkelados das Haupt abgeschlagen. Es liegt, umspült von einer imposanten Wasserkunst, im zweitobersten Becken der Anlage und speit ohnmächtigen Zorn gegen seinen Überwinder, ein eindrucksvolles Symbol des Sieges ordnender Macht über die Gewalten der Tiefe. Leider ist dem phantasiebegabten Landgrafen hier ein mythologischer Irrtum unterlaufen: es war nicht Herakles, der Enkelados tötete, sondern die Göttin Athene selbst hat in der Gigantomachia den rebellierenden Sohn der Erdgöttin Gaia, den „Lärmer", mit der Insel Sizilien erschlagen, und dort lärmt der Unbesiegbare vulkanisch noch immer in der Tiefe. — Mag man den Einfall des Fürsten maßlos und skurril nennen — er ist ein echtes Gebilde seiner Zeit und deshalb vielleicht sogar liebenswert. *W. M. S.*

WILHELMSHÖHE NEAR KASSEL. This park was created in the 18th century by a landgrave of Hesse. At its highest point rises a statue of Hercules who reigns over a "Castle of the Giant" and a magnificent waterfall.

WILHELMSHÖHE, PRÈS DE CASSEL. Sur l'obélisque de 30 m, s'élève l'imposante statue d'Hercule au-dessus du «château du géant» et de la cascade, dans le parc créé au XVIIIᵉ siècle par un landgrave de Hesse.

Tal der Weser · *Bei Steinmühle*

Einen der natürlichsten und erholsamsten Wander- und Reisewege, die der Mensch auch in unseren Tagen noch wählen kann, weist uns das Wasser der Flüsse. Es gibt keine beschaulichere Art, Land, Landschaft und Leute kennenzulernen, als in einem Reisezweier dem Lauf eines Flusses zu folgen. Nachdem ich mich in jungen Jahren zunächst an zwei Donaufahrten versucht hatte, die mir unvergeßliche, wildromantische Eindrücke — wie z. B. die Erinnerung an das Eiserne Tor — bescherten, unternahm ich in reiferen dann eine Fahrt auf Werra und Weser, die mir die unaufdringliche, aber nachklingende Erfahrung des Verhaltenen und Bescheidenen schenkte, das nicht zufällig nahe beim Märchenhaften wohnt.

Dort, wo aus Fulda und Werra die junge Weser wird und das charaktervolle Städtchen Hannoversch Münden liegt, beginnt die Fahrt durch das Weserbergland, eingeleitet zur Linken durch den Reinhardswald, dem bei Karlshafen zur Rechten dann der Solling die Stimmführung abnimmt. Es ist die Landschaft, in der die Gebrüder Grimm jene Märchen sammelten, die zu den kostbarsten Schätzen unserer Literatur gezählt werden dürfen. Wer je im Reinhardswald wanderte, der weiß, wo man Dornröschen aufspüren oder sich von Rotkäppchen den Weg weisen lassen kann. Zwischen Reinhards- und Bramwald einerseits und dem Solling zur anderen aber zieht die Weser ihre sanften Schleifen. Hier und dort trägt ihr ein Flüßchen sein Wasser zu. Reizende Städtchen und alte Klöster säumen ihren Weg: Lippoldsberg, Höxter, Corvey, Holzminden. Von der Höhe grüßt zuweilen eine alte Burg. Das Leben scheint sich mit der Geschwindigkeit des Flusses fortzubewegen, und die ist kaum größer als die eines rüstig ausschreitenden Wanderers.

Etwas breiter nun — und wirklich ein Fluß — zieht die Weser an der Burg Polle vorüber und erreicht Steinmühle. Hier umfängt der Blick rückschauend alle wesentlichen Charakterzüge des Weserberglandes: den Wald, die Hügel, das Acker- und Wiesenland, die anspruchslosen Siedlungen, den Weg des Flusses. Nichts Aufregendes, gewiß; aber Schiller hatte doch nicht ganz recht mit seinem spöttelnden Distichon, in dem er die Weser sagen läßt: „Leider von mir ist gar nichts zu sagen: auch zu dem kleinsten Epigramme, bedenkt, geb ich der Muse nicht Stoff." Der Rattenfänger von Hameln meldet seinen Protest an, und der Baron Münchhausen fährt auf seiner Kanonenkugel mit einem Donnerwetter gleich hinterdrein. Der Zeitgenosse aber, der anderwärts soviel alte Städteherrlichkeit in Schutt und Asche sinken sah, geht dankbar durch die Straßen erhaltener Weserstädtchen mit ihren schönen Fachwerkhäusern, den oft reichgegliederten Schmuckgiebeln und Erkern. „Es ist eine Gegend", so sagt Wilhelm Raabe von diesem Weserbergland, „in der man schon mit erklecklichem Behagen geboren worden sein kann." *R. H.*

THE WESER VALLEY. The Weser flows into the North Sea near Bremerhaven. Its upper region is one of Germany's most pleasant river landscapes and perfect for boat trips. Shown here is the valley near Steinmühle.

WESERBERGLAND. Le Weser qui débouche au nord de Bremerhaven dans la mer du Nord, forme dans son cours moyen l'un des plus jolis paysages de rivière d'Allemagne; un vrai paradis pour le canotage. Vers Steinmühle.

Westfalen · *Die Externsteine*

Sie stehen unweit der lippischen Stadt Horn in der weiten Heidelandschaft, in die zu guten alten Zeiten die Imker samt ihren Familien in rumpelnden Kremsern sonntags über sandige Wege fuhren, um die Honigtracht ihrer überall ausgestellten Bienenkörbe zu prüfen. Die Luft ringsum war erfüllt vom Duft des blühenden Heidekrauts und Bienengesumm, und hin und wieder mag aus den Wipfeln des nahen Teutoburger Waldes ein Raubvogel abgestrichen sein, um sich zwischen Wacholder und Wildrosen einen fetten Hasen als Sonntagsbeute zu schlagen.

Als ich die Externsteine zum erstenmal sah — es war in der Dämmerung eines windigen Herbstabends —, kamen sie mir vor wie Sandstein-Monstren, die sich hier zu einem stummen Colloquium über den Wandel der Zeiten zusammengefunden hatten. Es war etwas nicht geheuer an diesem Ort; er wehte mich mit mythischem Atem an. Hier hatte einst der Geist der Verehrung gewaltet, in zwiefacher Wiederkehr, in vorchristlicher und christlicher Manifestation. Der Ursprung des Namens ist dunkel. Die Externsteine, auch Egister- oder Eggestersteine, nannten die Chronisten Piderit und Hamelman 1564 in etymologischer Bemühung „Rupes picarum", d. h. Felsen der Elstern — im Dialekt: Äkstern —, wegen der Scharen dieser schwarz-weißen, im Volksmund als Unglücksboten verschrienen Gesellen, die hier genistet haben sollen. Andere wieder wollen die Bezeichnung von Eostre oder Ostara ableiten, der germanischen Göttin des Frühlings und der Morgenröte. Das leuchtet ein, denn hier bestand, ehe die Stätte durch die Mönche des Klosters Abdinghof in Paderborn christianisiert wurde, ein frühgermanischer Kultplatz.

Urkundlich erscheinen die Externsteine erstmals um das Jahr 1000, als eine adlige lippische Familie dieses Stück ihres umfangreichen Landbesitzes dem Kloster schenkte. 1115, so besagt eine Inschrift am Gestein der in den Felsen getriebenen Kapelle, habe der Bischof Heinrich von Paderborn die Stätte geweiht. Die Übernahme alter Kultstätten durch die christliche Kirche ist ein vielfach belegter Vorgang. Hier verband er sich mit der Schaffung eines in seiner byzantinischen Strenge äußerst eindrucksvollen Felsreliefs, einer Kreuzabnahme, in deren verhalten-leidvollen Gesten sich der Anspruch eines neuen Weltgefühls ausdrückt, während die mythischen schlangenschwänzigen Gestalten an der Basis des großen Reliefs Fragmente zeigen, in denen man die von der Schlange umwundenen Gestalten des ersten Menschenpaares erkennen will — die aber jedenfalls an die magischen Kräfte gemahnen, denen hier einst Opfer dargebracht worden sind.   *W. M. S.*

THE "EXTERN STONES" near the Teutoburg Forest in Westphalia are a curious, weather-worn mass of sandstone with a unique rock chapel, built on the site of a heathen place of worship. It dates to 1115 A. D.

LES «EXTERNSTEINE», aux abords de la Forêt de Teutberg en Westphalie. Ces rochers effrités abritent une petite chapelle vétuste datant de lannée 1115, bâtie à l'endroit même aù se célébraient des cultes payens.

Oldenburg · *Ammerländer Bauernhaus in Bad Zwischenahn*

Ammerland, das alte „Bernsteinland" Ambria, das Gebiet zwischen dem Jadebusen und Oldenburg, ist mit seinen Geesten, Mooren und Seen (das „Zwischenahner Meer" ist nur eines unter vielen) eine Eiszeitebene. Hier ist das Licht zupackend, bestimmt. Es macht den Menschen viel eindeutiger zum Maß aller Dinge als in den Berglandschaften des Südens. Die Ebene (hundert Kilometer hinter dem Meer erreicht ihr Niveau erst eine Höhe von vierzig Metern!) formt sein Wesen und verleiht seinen Zügen etwas Vorsichtiges und Verschlossenes, in das der Fremde nicht so bald eindringt. Der Ammerländer ist den Winden ausgesetzt, die von der Nordsee her in das Land stürmen. Er hat sie sich dienstbar gemacht, sie müssen ihm seine Mühlen treiben, Windmühlen von der alten holländischen Form mit festem Unterbau und drehbarem Dach.

Das Ammerländer Bauernhaus gilt vielen als das schönste Bauernhaus schlechthin. Seine derbe Würde stimmt trefflich mit dem „Platt" zusammen, der gewichtigen, sparsam verwendeten Landessprache. In seinem Dreiklang aus Ziegel, Fachwerk und tiefgezogener Schilfbedachung steht es selbstbewußt in der eingedeichten Landschaft, in der die „Oldenburger" zu Hause sind, jene weithin berühmte Pferderasse.

Man hat diesem Haus, seinem Bewohner und dessen Kultur ein eindrucksvolles Denkmal gesetzt: Im Oldenburgischen Moor- und Kneippbad Zwischenahn wurde zu Beginn unseres Jahrhunderts ein in seiner Art einzig dastehendes Heimatmuseum eingerichtet, ein Komplex von Haupt- und Nebengebäuden, die inzwischen die stattliche Zahl von 15 Bauten erreicht haben. Hier hat man kostbaren bäuerlichen Hausrat gesammelt, geschnitzte Möbel, Zinn- und Messinggerät, und hier reden die vielgestaltigen, an die Urform der Rune gemahnenden „Hausmarken" ihre geheimnisvolle Sprache. Hier klappert noch der Webstuhl und surrt die Drehscheibe des „Pottbäckers". Hier wird keine tote Historie künstlich konserviert. Das beweisen das prasselnde Herdfeuer und der Duft der im Wiemen geräucherten Schinken und Würste. Daß Ammerlands Tradition noch höchst lebendig ist, erfährt der Gast, sofern ihm das von seinem gestrengen Kneipparzt nicht verboten ist, wenn er sich an Smuttaal, kernigem Schwarzbrot, Ammerländer Schinken und einem „Läpeldrunk" labt, einem kräftigen Schnaps, der nach guter alter Sitte im Zinnlöffel kredenzt wird, denn auch die Zinngießerei gehört zu den Fertigkeiten der Ammerländer, und sie wird noch heute gepflegt. Drinnen spielt der warme Schein des Herdfeuers über die Wände, und draußen quillt die bunte Pracht der Rhododendren, die hier im Moorgrund zu baumstarken Formen aufwachsen. Wahrlich, das Ammerland ist eine Reise wert. *W. M. S.*

FARMHOUSE IN OLDENBURG. This "Ammerland Farmhouse" in Bad Zwischenahn, characterized by its brick and timber construction and its cozy, thatched roof, is a beautiful example of rural architecture.

MAISON PAYSANNE EN OLDENBOURG. L'ensemble briques — colombage — toit de roseau: «l'Ammerländer Bauernhaus», à Bad Zwischenahn, représente l'une des formes les plus belles de l'architecture rustique.

Bremen · *Weserfront mit Martinikirche*

Selten wohl kann sich eine Stadt des zwanzigsten Jahrhunderts des Glücks rühmen, einen Mitbürger besessen zu haben, der die Fähigkeiten des Großkaufmanns und echtes Mäzenatentum in sich vereinigte, wie dies in Bremen der Fall war.

Dieser Mann war Ludwig Roselius, Erfinder und Hersteller des berühmt gewordenen Kaffee Hag und zugleich Schöpfer einer ebenso berühmt gewordenen Straße, der Böttcherstraße. Diese heimelige, enge Straße mit ihren schmucken kleinen Läden führt von der Martinistraße (unser Bild) ins Herz der alten Hansestadt, zum Markt und dem St. Petri-Dom. Ihr Zugang ist von der Wasserfront her kaum zu erkennen, und doch waltet in ihr die Treue zur alten Tradition.

Man sagt dem Bremer nach, er „liebe Schwierigkeiten und belohne sich, wenn er sie bezwungen habe, umsichtig und großartig". Das ist mit dieser Straße, die im zweiten Weltkrieg schwer beschädigt und wieder neu aufgebaut wurde, überzeugend gelungen. Bremen hat sein gerüttelt Maß Schwierigkeiten gehabt und sie bezwungen. Hätten sich in die wundervoll geschlossene Front der Martinistraße, welche an der Weser entlang führt, nicht zwei kahl wirkende Betonneubauten eingeschlichen, so wäre das Bild des alten Bremen hier unverändert. Die Martinikirche, einstige Kaufmanns- und Schifferkirche, aus dem 13. Jahrhundert stammend, gehört in ihrer Gestalt als dreischiffige Hallenkirche zu den bedeutendsten mittelalterlichen Baudenkmälern der Stadt. Ihr unvergleichlich prächtig geschnitzter Orgelprospekt aus dem Jahre 1604 ist glücklicherweise rechtzeitig ausgebaut und vor der Zerstörung bewahrt worden.

Sorgte die Stadt so für ihr altes Kulturgut, so sorgte und sorgt sie noch heute für ihre alten Menschen. Bremens Altenwohnheime sind beispielhaft. Weite, lichtdurchflutete Räume und stille, schön bepflanzte Atrien schaffen Geborgenheit und Behagen; in 16 Heimen sind mehr als zweitausend Menschen würdig untergebracht, und wer hier in Bremen seine Tage beschließt, braucht Vereinsamung nicht zu fürchten, denn außer den erwähnten Heimen hat die Stadt dreizehn „Altentagesstätten" geschaffen, in denen die alten Damen ihre Handarbeiten machen und die alten Herren geruhsam ihren traditionellen „Kalkbrösel" rauchen können.

W. M. S.

BREMEN. The key in the city's coat of arms indicates that it is the gateway to the world. Typical architectural features are the brick façades of houses along the Weser, the towers of St. Martini, and the cathedral.

BRÊME. Le caractère hanséatique se reflète de façon frappante dans les façades de briques, aux fenêtres blanches, des maisons au bord de la Weser, et dans les tours de Saint-Martin et de la cathédrale.

Die Fenster der prunkvollen Renaissancefassade, die dem gotischen Bau im Jahre 1610 vorgelegt worden ist, zeigen sich strahlend erhellt. Vielleicht feiert man in der oberen Halle, im Glanz der Kronleuchter, die von der wuchtigen Balkendecke hängen, gerade die traditionelle „Schaffermahlzeit". Einst ein Abschiedsessen, das die Reeder und Kaufleute ihren ausfahrenden Kapitänen gaben, hat sich dieser Brauch im Laufe der Zeiten zu einem alljährlichen Rendezvous der königlichen Kaufleute entwickelt. Es geht hoch her, aber nicht überstiegen, denn an der guten altbremischen Speisekarte — mit Stockfisch und Kalbsbraten im Mittelpunkt der Genüsse — hat sich nichts geändert. Und nicht umsonst lagern im Ratskeller die köstlichsten und nur zu ganz besonderen Gelegenheiten an das Licht beförderten Kreszenzen. Der Ratskeller ist die traditionelle Pflegestätte der deutschen Weine. Dabei gibt es in Bremen eine ausgesprochene Bordeaux-Kultur. Die Importeure halten an der altüberlieferten Regel fest: „Vier Jahre Faß, vier Jahre Flasche." Der Bremer macht gern Gebrauch vom Ergebnis solcher Pflege... Karl Lerbs, der Sammler Bremer Anekdoten, erzählt in seinem Buch „Der lachende Roland" vom einsamen Bacchusfest eines ehrbaren Maklers. „Cornelius, sagte ich zu mir, du darfst noch eine Flasche. Wir haben es dscha, wir können es dscha. Wenn wir's nicht hätten, dann wollt' ich dscha nix sagen; aber wir haben es dscha. Und was meinen Sie? Mit'm Mal war ich weg. Ich kuck hierhin, ich kuck dahin, ich kuck überall hin, aber ich war nich mehr da. Da hab ich aber doch das kalte Schwitzen gekricht vor Angst. Schließlich denk ich: Sollst doch mal unterm Tisch nachkucken! Na, Gott sei Dank, da lag ich denn dscha auch unter..."

Soweit über diese spezielle Tüchtigkeit der Bremer, deren Wahlspruch wie eh und je lautet: „Buten un binnen, wagen un winnen." Sie haben sich viel erhalten: ihren Wirklichkeitssinn, ihr Gefühl für Sauberkeit und Qualität und ihren Humor — trotz der grausamen Zerstörung großer Teile ihrer schönen Stadt. Und während unten im ehrwürdigen Ratskeller dieser Humor mit jeder Flasche kräftiger hervorbricht, wacht draußen vor den Arkaden der Riese Roland mit Schwert und Schild über die Bremische Freiheit, und die Bremer Stadtmusikanten (die von Gerhard Marcks in Bronze gebannten Märchengestalten) wissen: Es sind keine Räuber, die hier ein Gelage feiern, sondern die ehrbaren Söhne einer Stadt, an deren Rathaus die mahnenden Worte zu lesen sind: „Schütze das Recht, und gleich sei es stets den Armen und Reichen. Gute Gesetze erhalte, den schlechten verschließe die Tore."   *W. M. S.*

THE TOWN HALL IN BREMEN. Its Renaissance façade (1608-12) represents the opulence, the 30-foot-high statue of Roland (1404) symbolizes the glory, of this Hanseatic city. Bremen today has a population of 600,000.

L'HÔTEL DE VILLE À BRÊME, avec son frontispice Renaissance (1608-1612), représente la richesse; et le Roland (1404), haut de 9,6 m, la fierté civique de cette ville hanséatique de 600.000 habitants.

Ostfriesland · *Hafen von Neuharlingersiel*

Von Borkum über Juist, Norderney, Baltrum, Langeoog, Spiekeroog und Wangerooge lagert sich in west-östlicher Richtung eine Kette von Inseln vor das ostfriesische Festland. Der Strom der Feriengäste, die von den Hafenstädtchen aus den Ostfriesischen Inseln zustreben, bringt zur Sommerzeit in dieses flache und geruhsame, ein wenig aus der Welt liegende Stück Erde für zwei oder drei Monate ein recht unfriesisches, fast hektisch anmutendes Leben. Emden und Wilhelmshaven sind ja — durch ihren beachtlichen Übersee-Verkehr — schon Großstädte gegen das holländisch anmutende Norden und das bescheiden ländliche Aurich. Und was dann noch an Siedlungen auf einer sehr detaillierten Landkarte in Erscheinung tritt, ist den meisten Binnenländern nicht einmal dem Namen nach bekannt. Gäbe es nicht die sieben Inseln vor der Küste — Ostfriesland wäre noch mehr „aus der Welt", als es schon ist. Eine Tatsache übrigens, die gerade Kenner, Liebhaber der Stille, in das verhalten geruhsame Land zwischen Dollart und Jadebusen zieht.

Frisia non cantat — die Friesen singen nicht, so heißt es bei Tacitus, der damit auf eine gewisse Schwere, Kargheit, Verhaltenheit des Menschen anspielt — und seiner Landschaft, die ja das Temperament der Bewohner wesentlich prägt. Dafür sind die Friesen wetterfest, zuverlässig, nicht ohne Humor, eigenwillig und stehen ihren Mann in stürmischer Zeit — Berlins großer Oberbürgermeister Ernst Reuter war ein Friese von Geburt. Sie kämen auch ohne die Fremden zurecht, die sich nur die Rosinen aus dem Kuchen picken möchten — und sonst auch wohl nicht so verrückt sind, wie sie sich in den Ferien geben. Auf den Inseln haben sie es mit Tanz-turnieren und Kurbällen, Künstlerkonzerten und Autorenabenden, Seehundjagd und Segelflug, Seewasser-Wellenschwimmbad und 9-Löcher-Dünengolf ...

Auf dem Festland geht es solider zu: mal ein Reit- und Fahrturnier, eine Hengstkörung, ein Schützenfest oder die Johanni-Marktwoche — das sind handfeste Sachen, geradeso wie Heringsfilet mit grünen Bohnen und Speck-tunke oder Grünkohl mit Speck. Drüben auf den Inseln müssen es Cocktails sein, Spätlesen oder Champagner — hier hält man sich an Doornkaat und Genever. Man ist ja nicht unbedingt rückständig, aber die Kirche läßt man doch im Dorf.

Und so ein Dorf ist auch Neuharlingersiel, mit gut 300 Einwohnern; Abfahrtshafen für Spiekeroog, das gerade-aus vor der Nase liegt. Ein Fischerdorf, wie man unschwer erkennt am Bild des kleinen Hafens mit den Fisch-kuttern und den dazugehörigen Mannsbildern, die so unmißverständlich friesisch aussehen, daß man sie beinahe erfunden haben könnte. Aber sie sind in Neuharlingersiel geboren und leben dort. Und Neuharlingersiel hat auch einen Friedhof, auf dem jeder ehrliche Neuharlingersieler bisher noch seinen Platz gefunden hat. R. H.

NEUHARLINGERSIEL in Eastern Frisia is one of numerous small ports on the North Sea coast between Emden and Wilhelmshaven which are almost Dutch in appearance and character.

NEUHARLINGERSIEL, dans la Frise orientale: un de ces charmants petits villages côtiers, entre Wilhelmshaven et Emden, qui rappellent déjà la Hollande.

Helgoland · *Luftbild der Insel*

Es gibt eine alte Föhrer Sage, der zufolge der Teufel Helgoland den Norwegern gestohlen habe. Wer die felsige Nordseeinsel mit ihren Geschwistern vor Nordfriesland oder Schleswig-Holstein vergleicht, wird zugeben müssen, daß Helgolands äußere Gestalt solcher Phantastik nicht widerspricht. Ebenso kann nicht wundernehmen, daß Tacitus von einer Erkundungsfahrt des Drusus die Nachricht mitbrachte, auch in der Nordsee gebe es „Säulen des Herkules". Die bizarre Form Helgolands mit den mehr als 50 Meter über das Meer ragenden Klippen scheint auch diese der Insel zugedachte Rolle zu rechtfertigen; freilich wären die Fundamente des Himmels dann aus Buntsandstein und nicht von äußerster Festigkeit — wenn sie sich auch von größerer Festigkeit erwiesen haben, als menschlicher Aberwitz glauben wollte.

Das Eiland hat seine Geschichte, und auch diese „Geschichte" — wie sollte es bei der Lage Helgolands anders sein? — besteht aus mancherlei Händeln und Handel, in die sich Schleswiger, Dänen, Engländer und Deutsche (die das Eiland 1890 von England im Tausch gegen Sansibar erwarben) teilten, bis dann am 18. April 1947 der vermutlich vom Teufel inspirierte Versuch unternommen wurde, die Insel mit Hilfe von fast 7000 Tonnen Sprengstoff aus der Welt (oder nach Norwegen zurück?) zu schaffen. Aber weder dieser groteske Versuch noch das der Insel für einige Jahre zugemutete Los, als Zielscheibe für Bombenabwürfe zu dienen, haben den erhofften „Erfolg" gehabt. Sie haben aber bewirkt, daß aus dem 1952 schließlich zurückgegebenen Insel-Fragment ein anderes und neues Helgoland geworden ist, mit dem sich Ferienreisende und Kurgäste ganz gewiß leichter abfinden, als die bei Kriegsende zwangsevakuierten und später zurückgekehrten Inselbewohner dies tun dürften.

Helgoland mag ein Schutzschild, eine Verteidigungsbastion gewesen sein — eine Ausgangsposition für Aggressionen war es nie, konnte es nicht sein. Heute nun ist es — von seiner Rolle als „Erste Hilfe" für in Seenot geratene Schiffe abgesehen — Ferienziel und Kurplatz und nichts als dies. Und wer wollte leugnen, daß diese Bestimmung dem Wesen der Insel am besten gerecht wird? Heute ist der bis in die bombenzerwühlten Tiefen greifende Wiederaufbau der Insel fast völlig abgeschlossen, und was in den zurückliegenden rund fünfzehn Jahren geleistet wurde, um das Trümmerfeld wieder in einen menschlichen und zudem gastlichen Wohnplatz von überraschender, fast heiterer Modernität zurückzuverwandeln, verdient rückhaltlose Bewunderung. Die nie vertriebenen, stets friedlichen, äußerst wohlschmeckenden Helgoländer Hummer waren zu keiner Zeit von dieser Bewunderung ausgeschlossen.   *R. H.*

HELGOLAND juts up raggedly from the North Sea, about 40 miles northwest of the mouth of the Elbe River. Although extensively damaged during and after World War II, the island is now again a favorite tourist spot.

HELGOLAND surgit, en rocher pittoresque, de la mer du Nord, à 65 km environ de l'embouchure de l'Elbe. Après les destructions de la guerre et de l'après-guerre, l'île est redevenue un lieu très recherché de villégiature.

An der Nordsee · *Fischkutter bei St. Peter*

In dem Rahmen, in den diese Aufnahme eingespannt ist, kann kein Zweifel daran sein, daß diese drei Fisch-kutter mit dem Blinkturm in der Ferne von einem Fotografen zu selten glücklicher Stunde eingefangen wurden. Stieße unser Auge jedoch irgendwo in einem nur schwach erhellten Raum auf diese in ihren Farben so besonders feine Szenerie — wer weiß, ob wir nicht einen alten niederländischen Landschaftsmaler dahinter vermuten würden, der mit seltener Akribie seinen Pinsel führte.

Selbst von der Landschaft her könnten wir solchen Verdacht begründen: Auch hier oben, an der Halbinsel Eiderstedt, in der Nähe des Nordseebades St. Peter, ist ja „niederes Land", mit dem gleichen Himmel darüber, dessen blaßblaue, leicht verwaschene Färbung wir von Holland her kennen; und auch der von der Ebbe frei-gegebene Meeresboden sieht am Zuidersee nicht viel anders aus als hier, an der schleswig-holsteinischen Küste. Zur Stunde, da die Aufnahme gemacht wurde, tritt das Meer zurück und gibt auf dem Wattboden die Rinnen frei, die beim Ablaufen des Wassers entstehen. Diese Rinnen — in der Sprache der Küstenbewohner Priele genannt — treten in ähnlichen Formen auf wie etwa Bäche und Flüsse im Binnenland; sie vereinen sich hier und da zu so breiten und tiefen Rinnen, daß sie auch bei Niedrigwasser noch von kleinen Schiffen befahren werden können. Ohne diese „ausräumende" Wirkung der Ebbe-Strömung könnten die weit ins Land hinein-reichenden Fahrtrinnen der Flüsse schwerlich offengehalten werden. Auch unseren Fischern verschafft sie eine Fahrtrinne, in der sie aufs Meer hinausgelangen können, wenn die ansteigende Flut die Priele wieder füllt. Dieser Tidenhub — wie man den Niveau-Unterschied zwischen Hoch- und Niedrigwasser bezeichnet — beträgt normalerweise etwas über drei Meter. Steigt er bei frontal andrängendem Sturm auf fünf oder gar sechs Meter an, dann ist, wie die winterliche Sturmflut 1962 bei Hamburg und vor der Nordseeküste schmerzhaft deutlich machte, Katastrophengefahr im Verzuge.

Es liegt — trotz dieser geheimen und alltäglichen Bewegung des Meeres — eine große Ruhe und Einfachheit über dem Bilde, eine Ruhe allerdings, die mit Erwartung gepaart ist. Die Kutter machen zum Auslaufen klar. Das Wetter ist freundlich. Das Rüstzeug des Fischfängers ist gerichtet. Die letzten vorbereitenden Handgriffe werden bald getan sein. Die Fahrt kann beginnen. Unter dem mit äußerster Feinheit erfaßten Spiel der Farben aber, die das Auge befrieden, bebt die Urleidenschaft des Menschen — die Jagd.   *R. H.*

ON THE NORTH SEA coast of Schleswig-Holstein, near St. Peter. Fishing boats make ready to put to sea. The pale colors are characteristic of the shore belt region.

SUR LA CÔTE DE LA MER DU NORD, dans le Slesvig-Holstein, près de St. Peter: des bateaux de pêche avant le départ — dans ce paysage typique du Nord, aux tendres couleurs.

Nordstrand · *Am Seedeich*

Ein Bild tiefen Friedens. Aber welche Kämpfe zwischen Meer und Land, Elementen und Menschen sind ihm vorausgegangen! Betrachtet man auf der Karte die Westküste von Schleswig-Holstein, dann zeigt ihre zerrissene Kontur deutlich, was hier vorgegangen ist. Unersättlich hat sich die Nordsee immer wieder in das Land gefressen und Stück um Stück von ihm erobert. Sylt, Föhr, Amrum, Langeness, Hooge, Pellworm und Nordstrand haben einst einen einzigen, nach Süden verlaufenden Küstenstrich gebildet. Seit Jahrhunderten wird der Kampf der Inselleute gegen den „blanken Hans" zäh und verbissen geführt, es wird um jeden Quadratmeter lebenswichtigen Bodens gerungen, und immer wieder ist das Gewonnene gefährdet.

Der Prozeß der Landgewinnung wird nun in großem Stil von der Regierung des Landes gefördert. Das Wattenmeer wird durch Buschdämme in regelmäßige Felder unterteilt, in denen sich das Flutwasser staut und beruhigt. Die Schwebeteilchen des Wassers lagern sich ab, verfestigen sich nach und nach, und auf dem so gewonnenen Boden kann sich eine zuerst bescheidene, dann allmählich kräftigere Vegetation bilden. Und ist erst einmal das Gras da, dann kommt das Vieh hinzu — und so erwächst aus dem Niemandsreich zwischen See und Festland neuer Lebensraum für den Menschen. In den zwanzig Jahren seit dem Kriegsende sind beispielsweise am Hindenburgdamm (zwischen Sylt und dem Festland) auf diese Weise 1300 Hektar neues Land gewonnen worden.

Die Marschinsel Nordstrand wurde im Jahre 1634 von einer der großen Sturmfluten — im Volksmund heißt sie die „Mannsdränke" — von der seewärts vorgelagerten Insel Pellworm abgerissen. Jetzt ist das 48 qkm große Land durch einen Damm mit dem Festland verbunden. Unser Bild zeigt den Blick von der Innenseite des Seedeichs (vorderer linker Rand) landeinwärts. Der Deich schützt den im Nordosten der Insel gelegenen Alten Koog gegen die Nordsee. Ein breiter Wassergraben, der Rhinschlot, zieht sich durch die ganze Insel und ist mit einem sorgfältig durchdachten Entwässerungssystem verbunden. Die schmale Landzunge, auf der die Rinder grasen, trennt den Rhinschlot von einem künstlich geschaffenen Wasserbecken, das als Speicher dient und zugleich ein Teil der Entwässerungsanlage ist. 150 000 Kubikmeter Erde wurden hier ausgeschachtet und zur Verstärkung des Seedeiches verwendet. Wie weitsichtig diese Maßnahme war, hat sich bei der großen Sturmflut im Februar 1962 erwiesen: Der Deich hat standgehalten, obwohl er dem Ansturm der See am stärksten ausgesetzt ist.   *W. M. S.*

NORDSTRAND lies off the coast of Holstein. Numerous small islands near the German North Sea coast are remnants of land which was submerged by flood storms.

NORDSTRAND, devant la côte holsteinoise. Il y a de nombreux îlots le long de la côte allemande de la mer du Nord: restes de la terre ferme engloutie par les hautes marées.

147

Insel Sylt · *Das Rote Kliff*

Wo ist das Paradies stadtmüder Sonnenpilger und Wasserratten: das bunte Gewimmel der Strandkörbe und flatternden Wimpel, das man von der „Perle der Nordsee", der Insel Sylt, erwartet — wo sind die Sandburgen bauenden Kinder, die sonnengebräunten Schönen, die mit modischem Badedreß eine Demonstration ihres Ferienglücks und ihrer Ferienerwartungen veranstalten? So wird sich mancher Leser fragen.

Einsamkeit, herbe Größe, gebannt an eine Sinfonie von Stahl- und Bronzetönen, abziehendes Regengewölk über Fels- und Wasserweite — und das Urzeichen der Versöhnung, der Regenbogen, über dem Rücken des Roten Kliffs. Hier ist eine Welt, in der die Menschenzeit nicht gilt, die ihr eigenes Zeitmaß hat, den Pulsschlag von Ebbe und Flut. Sie hinterläßt dem Strand ihre geheimnisvollen Zeichen, die seltsamen Gebilde des Meeres: Herzmuschel, Bohrmuschel, die wundersam gewundene Wellhornschnecke, die schwarze Eikapsel des Rochen, Bernstein, Halbedelsteine und die bleichen Schulpen des Tintenfischs. So ist die Küste von Sylt zwischen Wenningstedt und Kampen: Das „Rote Kliff" ist der Herrscher dieser Szenerie von urtümlicher Größe. Dreißig Meter hoch und fast fünf Kilometer lang ragt diese Mauer aus oxydischem Lehm, von weißen Kaolinbändern durchzogen, über dem tertiären Grund. Sein Gegenstück hat das Rote Kliff im Morsumkliff, das auf der anderen Seite der Insel in sanfterem Fall und weicheren Konturen dem Watt zugelagert ist.

Nicht immer herrscht hier der Friede gestillter Flut und des tröstlichen Regenbogens; man ahnt beim Anblick dieser wehrhaften Klippenmauer und der sanft anrollenden Meeresflut, daß gerade eine Atempause im Kampf zwischen dem Meer und der Inselwelt eingetreten ist, daß aber zu anderer Stunde hier ungeheure Naturkräfte aufwachen können. Im Januar des Jahres 1300 wurde Wenningstedt von einer Springflut verschlungen, und im Sturm des Oktobers 1938, in dem die anstürmenden Wellen eine Höhe von vier Metern erreichten, gingen der Insel allein beim Roten Kliff zwei Millionen Kubikmeter Grund verloren.

In den alten Friesenhäusern jenseits des Kliffs, zu denen sich heute viele neue Ferienhäuser gesellen, lebt es sich gut, wenn draußen der Sturm tobt. Die ornamentierten Beilegöfen auf zierlich gedrehten Schmiedeeisen-Ständern strahlen behagliche Wärme aus, ihr schimmernder Eisenton steht herrlich vor dem sanften Pastell der Kachelwände, und das Schilfdach hütet Haus und Menschen vor der Unbill des Wetters. Wenn aber die Abendsonne das Rote Kliff kupfrig aufglühen macht und die See unter der gläsernen Kuppel eines wolkenlosen Himmels wie ein makelloser Spiegel ruht, dann vermeint man die „Stimmen, die über der Tiefe sind" zu hören, die Theodor Storm in seinen unsterblichen Erzählungen eingefangen hat.   *W. M. S.*

THE ISLAND OF SYLT. The largest of the German North Sea islands, Sylt is connected to the mainland by a dam built in 1925. In the north, the "Red Cliff" rises 100 feet above the beach.

L'ÎLE DE SYLT est la plus grande île allemande de la mer du Nord, communicant avec la terre ferme par une chaussée bâtie en 1925. Au Nord s'élève un rocher rouge-jaune (« Rotes Kliff », notre photo) à 30 m de haut.

Am südlichen Zipfel der Flensburger Förde, in der hügeligen Ostseelandschaft Angeln — der „buckeligen Welt", wie der Volksmund sie nennt — liegt eine der schönsten Wasserburgen Norddeutschlands, die „Wiege der Könige", das Schloß Glücksburg.

Ehemals ein Zisterzienserkloster, wurde der Bau nach der Reformation säkularisiert und kam Ende des 16. Jahrhunderts an Herzog Johann d. J. von Sonderburg. Er ließ die Klostergebäude abbrechen und das jetzige Wasserschloß aufführen. Johanns schöne Devise lautete „Gott gebe Glück mit Frieden", und aus ihr abgeleitet gab er seinem Sitz den Namen „Glücksburg". Sie hat ihrem Namen Ehre gemacht, denn sie wurde zur Wiege der Königshäuser von Dänemark, Norwegen und Griechenland. Der Ort, der einst neben dem Schloß aus den Bedürfnissen der Hofhaltung entstand, ist heute Heilbad.

Das Schloß war in seiner mehrfachen Veränderungen unterworfenen Anlage keineswegs eine Behausung von fürstlichem Glanz; es war vielmehr eine schlichte Weiterentwicklung des in Holstein beheimateten Herrenhaus-Typs. Zu mehr reichten die bescheidenen Mittel des Bauherrn nicht, und das Wasserschloß entsprach in seiner Gestalt wohl eher dem Charakter seines Erbauers als dem Repräsentationsbedürfnis der Zeit.

Dem Bau mit seinen drei parallel gestellten Häusern und seinen vier achtseitigen Ecktürmen haftet (von allem in der hier gezeigten Sicht auf die drei Giebelfelder) etwas Kristallinisches an, ein Eindruck, der noch gesteigert wird, wenn sich die gelbrötlichen Mauern und die starkroten Ziegeldächer der Wohntrakte (die Turmhelme sind dagegen grau eingedeckt) unter der Abendsonne im klaren Wasser des Schloßteichs spiegeln. Dieser eher spröde, fast überstrenge Charakter der ganzen Anlage war nicht von jeher der gleiche. Erst anfangs des 19. Jahrhunderts hat man die ursprünglich geschweiften Sandsteinrahmen der Giebel entfernt und etwas von der festlichen Heiterkeit genommen, die der Bau einmal hatte. In der Gestalt aber, die er heute zeigt, fügt er sich besonders glücklich in die Landschaft ein — ein selbstbewußtes, selbstgenügsames Refugium für eine der großen Familien des Landes. Hier herrschen das genaue Maß und die strenge Form vor, hier leben noch Ruhe und Würde, die sich von der gewaltigen Betriebsamkeit, in die sich das nahe Flensburg gestürzt hat, vornehm distanzieren. Glücksburg hält es eher mit der Strenge der zähen Knicks, jener geraden Wälle aus Grün, die das Bauernland gegen den Ansturm des Seewinds schützen.   *W. M. S.*

GLÜCKSBURG CASTLE. A moated castle near Flensburg, close to the Danish border, it is the cradle of the royal families of Denmark, Norway and Greece. It was built between 1583 and 1587.

LE CHÂTEAU DE GLUCKSBOURG, berceau des familles royales du Danemark, de la Norvège et de la Grèce. C'est un «château d'eau» des environs de Flensbourg, construit en 1583-1587, sur l'emplacement d'une abbaye.

Lübeck · *Holstentor und Salzspeicher*

Ein Tor mit zwei Gesichtern — ein Januskopf, der nach drinnen und draußen zugleich schaut. Draußen: das ist das Fremde, vor dem es sich zu beweisen gilt, dem die „Königin der Ostsee" ihre wehrhafte Macht demonstrierte. Es war die Macht der wagemutigen und weitblickenden Kaufherren, die es verstanden hatten, nach Friedrichs II. Tod angesichts der schwach gewordenen Reichspolitik ihre eigene, selbständige Wirtschaftspolitik der Hanse zu setzen.

Drinnen: das ist der geistige Mutterboden, auf dem allein diese Macht gedeihen konnte: das Ethos einer echten Lebensgemeinschaft, die Tugend der zu gemeinsamem Werk Verbundenen, die Würde ihrer Lebensform — und die Heiterkeit, die sich aus Tugend und Würde entfaltet.

Das Holstentor ist ein Werk des Lübecker Ratsbaumeisters Hinrich Helmstede, das er nach dem Vorbild flandrischer Brückentore 1477, wie auf der „Stadtseite" vermerkt, erbaut hat. Es hält nach draußen zwei wuchtig gedrungene Rundtürme hin. Mit ihren Gurtbändern aus ornamentierten Terrakottaplatten erinnern sie an die von Eisenbändern gefaßten Läufe von Feldschlangen, und das Torhaus schmiegt sich mit seinem spielerisch leichten Stufengiebel zierlich zwischen die beiden starken Beschützer. Nach drinnen, der Stadt zu, wie ihn unser Bild zeigt, ist der Bau zu einer ruhigen Front verschmolzen, die den Scheidenden einen letzten Gruß aus der gesicherten Welt der „Lieblichen" — denn so lautete Lübecks alter wendischer Name — entbietet. Hier bleibt die Heimat zurück, die Stadt der goldenen Türme, die Stadt des Reichtums und der Wohlfahrt (das Spital zum Hl. Geist von 1280 ist eine interessante frühe soziale Schöpfung), die Stadt des regen geistigen Lebens, der wir Bernt Notke und Dietrich Buxtehude, Franz Overbeck und die Brüder Thomas und Heinrich Mann verdanken, die Stadt der herrlichen Kirchen, der Giebelhäuser, der ragenden Speicher. Diese Welt des Drinnen hat der Krieg aufgebrochen. Er hat in der Nacht zu Palmarum 1942 furchtbar in der „Lieblichen" gewütet. Aber hat er steinerne Symbole vernichten können, so hat er den tätigen Bürgersinn der alten Stadt nicht angetastet. Die Innenstadt wurde nahezu vollständig restauriert, und ihre „sieben goldenen Türme" lassen ihre vergoldeten Knäufe und Wetterhähne wieder in den kühlen Ostseehimmel blitzen. Das einstige Mahn- und Wahrzeichen der Stadt, das Holstentor, steht umbrandet vom Verkehr, wunderbar erhalten in seiner farbigen Haut aus schwarz- und rotglasierten Ziegeln. Es hat nichts mehr zu schützen. Wirklich nichts mehr? Ist nicht die Kraft des Symbols auch heute noch wirksam? Und ist der Spruch, der als Inschrift am Holstentor steht — „Im Hause Eintracht, Friede vor den Toren" — nicht eine Mahnung für unsere Zeit wie für jede kommende? *W. M. S.*

LÜBECK: The Holstentor (one of the city's old gates), built in 1477, is a proud monument of north German brick Gothic architecture. Left, old salt warehouses (16th-18th centuries).

LUBECK. Le «Holstentor» (1477), fier monument de l'art gothique est un vivant témoignage de cette époque caractérisée en Allemagne du Nord par l'emploi des briques. A gauche, de vieux greniers à sel (XVIᵉ-XVIIIᵉ s.).

Im Alten Land bei Hamburg · *Bauernhäuser*

Wer an einem Maitag vom Hamburger Flughafen Fuhlsbüttel aufsteigt und nach Süden fliegt, erblickt unter sich, südlich der Elbe, in fast unmittelbarem Kontakt mit dem reich akzentuierten Bild der Millionenstadt einen fünfundzwanzig Kilometer langen und zehn Kilometer breiten weißen Teppich, der auf dem Uferstreifen zwischen Harburg und Stade ausgebreitet ist. Es ist Hamburgs Obstgarten — und zugleich Deutschlands größter: das Alte Land in der Baumblüte. Die Hamburger sind mit Recht stolz auf diesen Frühlingsschmuck, der ihnen da vor die Tür gestreut ist, und wie einst zur Zeit der Obstblüte die Berliner mit Kind und Kegel nach Werder zogen, so begeben sich die Hamburger, denen es in ihrer Stadt wahrlich nicht an Planten und Blomen fehlt, zu Schiff (denn das Alte Land ist von zwei Nebenflüssen der Elbe, der Este und der Lühe, durchzogen), mit der Bahn, im Auto und zu Rad auf ihre Wallfahrt in den Frühling. Sie wandern durch die blitzsauberen Straßen der Orte, an den Gehöften und Wassergräben entlang, und überall quillt der Blust um sie auf, schaumig, locker und flimmernd in der feuchtigkeitsgesättigten Mailuft.

Dieses Frühlingsfest haben die Hamburger — und kaum einer wird es sich entgehen lassen — friesischen Mönchen und holländischen Siedlern zu danken, die das morastige Urstromgebiet der Elbmarschen in Deiche gefangen, entwässert und urbar gemacht haben. Aber die Lust der Hamburger ist, wie vieles bei ihnen, nicht rein ästhetisch begründet; ihre Fruchtexporteure reiben sich die Hände und denken an ihre Aufträge aus England, wenn ein gutes Jahr ihnen aus den drei Millionen Obstbäumen des Alten Landes saftige Abschlüsse beschert. Die Bauern dieser üppig bescherenden Landschaft haben nicht zurückstehen wollen angesichts der Dekorationskünste, die der Frühling bei ihnen zur Schau stellt. An den aprikosenfarbenen, weißgefugten Ziegelfeldern zwischen den weißen Ständern ihrer hochgiebligen Fachwerkhäuser haben sie ihre Phantasie spielen lassen: Kaum eines von ihnen gleicht dem Nachbarn, so vielfältig ist das Ornamentwerk der Ziegel. Gebändert, verkreuzt, gestuft, geschrägt füllen die Motive die Flächen, aus schlichtestem Material ist eine Fülle von Variationen geschaffen. Auch fehlt es nicht an Schmuck aus heidnischer Zeit hier und dort; an den stets den Wegen und Deichen zugekehrten Giebelseiten der Häuser erscheinen als uralte magische Symbole der Donnerbesen und die Hexenmühle. Sie sollen vor Blitzschlag und Mißernte schützen, und die friesischen Mönche taten gut daran, sie nicht aus dem Alten Land zu verbannen.   *W. M. S.*

FARMHOUSES IN THE ALTES LAND, rich horticultural region west of Hamburg. Elaborately ornamented, brick and half-timbered houses lend the villages here a colorful, lively appearance.

MAISONS DE PAYSAN DANS LE « VIEUX LAND », riche région d'arbres fruitiers à l'ouest de Hambourg. Briques et colombage, richement assemblés, rehaussent l'architecture des maisons.

Hamburg · *Die Außenalster*

Es ließe sich berichten, daß Hamburg eine alte Stadt ist — über 1000 Jahre alt —, neben Berlin die einzige Weltstadt Deutschlands und, nähme man die Zahl der Beschäftigten als Maßstab, seine größte Industriestadt dazu. Man könnte erwähnen, daß Hamburgs Hafen fast 100 qkm groß und seine Kais 60 km lang sind und daß Hamburg, trotz seiner durch die Zonengrenze verhängten Randlage, sich mit einem Tonnagebestand seiner Reedereien von 2,7 Millionen BRT wieder dem jemals höchsten Stand seit 1913 nähert. Auch könnte die Mitteilung interessieren, daß der Stadtstaat Hamburg mit 3,5 Prozent der Bundesbevölkerung zu 4,7 Prozent Anteil am industriellen Umsatz und zu 6 Prozent am Umsatzsteueraufkommen hat. Aber, so viel auch diese Zahlen und Fakten dem Experten bedeuten, so viel Respekt sie dem Laien einflößen mögen — was erst bedeutet auf dem Fundament so zweckdienlicher Vorzüge der ungleich imponierendere und dauerhaftere Vorzug Hamburgs: eine schöne Stadt zu sein?! Nicht nur, das soll betont sein, eine schöne Stadt im Sinne des Gefälligen und Konventionellen. Nein, eine großartige, vielseitige, weltoffene Stadt — wie Kopenhagen, Amsterdam, Stockholm oder sonst eine große Hafenstadt der Welt. Eine charaktervolle Stadt dazu, die unverwechselbare Straßen, Anlagen und Aspekte hat — und vor allem: in ihrem Weichbild eine stattliche Wasserfläche, die Außenalster (mit ihrer kleineren Schwester, der Binnenalster), die im Herzen der Großstadt die Frische von Wasser und Wind spüren läßt ...
Eine nüchterne Stadt leider, so geht das stirnrunzelnde Gerücht -- als ob die Welt voller musischer Städte und die Städte voller musischer Menschen wären! Aber was soll das überhaupt? Eine Stadt voller Kaufleute, Arbeiter und Seefahrer kann für den Besucher musischer sein als eine Residenzstadt voller ehemaliger Opernsänger. Jeder weiß, daß man in Hamburg (Gründgens, heute Oscar Fritz Schuh!) hervorragend Theater spielt, die modernste Oper (Liebermann!) unterhält, daß dort eine Reihe der besten deutschen Verlage arbeitet, interessante Zeitungen und vielgelesene Magazine erscheinen und etliche Museen zu finden sind, die Weltruf genießen. Sollten die Hamburger also wirklich amusisch sein, so sind sie es auf die raffinierteste Art der Welt! Und wiewohl Hamburg, wenn man Auswärtigen glauben sollte, um 10 Uhr abends zuweilen den Eindruck einer besetzten Stadt macht, in der Ausgangsverbot erlassen ist, möchte ich behaupten, daß diese solideste aller Weltstädte eine Nachtschönheit ist — nicht wie Paris oder Kopenhagen, vielmehr mit dem farbigen Reiz eines weltweit-geschäftigen Treibens, von dem die Aufnahme der folgenden Doppelseite Zeugnis ablegt. Es ehrt die Hamburger Toleranz, daß es — das kleine Laster außer Hauses — St. Pauli gibt. Aber nicht unsere ungezähmten Laster der Nacht machen unseren Ruhm aus, sondern die bezwungenen Lasten des Alltags.   *R. H.*

HAMBURG. Towers and spires form the silhouette of the city, seen here over the Aussenalster, a wide lake created by a tributary to the Elbe. Hamburg, with 1,850,000 population, is Germany's second largest city.

HAMBOURG, 1.850.000 habitants, est la deuxième ville d'Allemagne (après Berlin). La silhouette de la ville, caractérisée par ses tours, est vue ici par-dessus l'Aussenalster, lac formé par un affluent de l'Elbe.

Der Hafen
von Hamburg,

mit einer Fläche von fast 100 qkm
und mit Kais von 60 km Länge,
bietet auch bei Nacht
ein imponierendes Bild.

HAMBURG HARBOR, with its
36 miles of piers and covering
an area of 40 square miles,
makes an impressive sight
at night.

LE PORT DE HAMBOURG, avec une
surface de 100 km² et de
60 km de quais, offre,
la nuit, un tableau imposant.

Lüneburg · *An der Ilmenau*

Schmale, blaßfarbene Bürgerhäuser, an das Ufer eines Gewässers gesetzt — wer möchte vermuten, daß sich hinter dieser bescheidenen Front ein nicht eben kleines Stück großer Geschichte verbirgt? Hätte der Historiker hier das Wort, der ja bekanntlich in Jahrhunderten denkt wie wir in Jahren oder nur Tagen — er könnte die Lüneburger Geschichte als imponierende Reihe von Zahlen und Ereignissen paradieren lassen: angefangen von der germanischen Kultstätte auf der Höhe des „Kalkbergs" bis hin in das Jahr 1813, als die französischen Truppen von den Verbündeten bei Lüneburg geschlagen wurden. Immerhin, ein paar Daten können auch wir dem Leser nicht ersparen.

Als Heinrich der Löwe Mitte des 12. Jahrhunderts die benachbarte Stadt Bardowick zerstörte, einen der bedeutendsten Handelsplätze des Nordens, war der Weg frei für den Aufstieg Lüneburgs, das immer im Schatten des großen Nachbarn gestanden hatte. „Wat den eenen sin Ul, is den annern sin Nachtigall", wie ein altes norddeutsches Sprichwort sagt. Lüneburg wurde damit zu einem der wichtigsten Vorposten des „Bardengaues" zwischen Ilmenau und Urstromtal der Elbe, zum Mittelpunkt des Handels mit den westslawischen Wenden. Auch hier, wie an so vielen Orten, verfolgen wir Spiel und Widerspiel von beharrlichem Bürgerfleiß und politischen Händeln, von militärischer Bedrohung und friedlichem Aufbau, wie sie bis in unsere Tage immer wiederkehren. Soviel jedenfalls: Lüneburg konnte sich auf ein unschätzbares Eigenkapital verlassen: das Salz. Schon im Jahre 1000 baute man am Fuß des Kalkbergs diesen zu allen Zeiten begehrten Handelsartikel ab, und im vorigen Jahrhundert lieferte die Saline immerhin noch runde 200 000 Doppelzentner.

Wenn wir uns dem Bild der Stadt zuwenden, das die Dichterin Ricarda Huch einmal „trotzig und phantastisch" genannt hat, so erkennen wir als beherrschenden Platz den „Sand" mit seinen immer wieder veränderten Ziergiebeln. Rathaus, Gerichtslaube und Alte Kanzlei darf man als schönste Profanbauten der Stadt bezeichnen, und von den Kirchen verdienen die Johanniskirche mit ihrem wuchtigen Westturm und die Nicolaikirche besondere Würdigung.

Wer Lüneburg nennt, denkt vielleicht auch an den berühmten Silberschatz, den städtische Würdenträger und große Lüneburger Familien gestiftet haben. Ganz sicher verknüpft er aber mit dem Gedanken an diese Stadt die Unendlichkeit der Heide, deren rotvioletter Schimmer sich in den abendlich-warmen Tönen der Backsteinbauten wiederholt. *W. M. S.*

LÜNEBURG, the old salt town, achieved its greatest importance in the 15th and 16th centuries. The old houses along the River Ilmenau which flows through the town, date back to this time.

La vieille ville de salines de LUNEBOURG était à son apogée aux XVe et XVIe siècles. C'est de cette époque que datent aussi les vieilles maisons au bord de l'Ilmenau, rivière qui traverse la ville.

Lüneburger Heide · *Alter Schafstall*

Die Lüneburger Heide ist vielgenannt, und das mag von den Löns-Liedern herrühren; aber wenige kennen sie, und das spricht für ihren wahren Charakter, der alles andere als lieblich und einladend ist. Sie ist nicht romantische, sondern recht eigentlich herbe, unwirtliche Landschaft, von leidender, unterirdischer Dramatik erfüllt. Die Heide ist Moränenlandschaft, also mit arktischem Abfall und Eiszeitschutt angefüllt. Was in ihr wächst, wächst nicht aus diesem Schutt, sondern gegen ihn. Er hat begraben, was vor ihm war, und so sind die Heideberge — deren höchster, der Wilseder, nur 169 Meter hoch ist — keine durch Erdfaltung gebildeten echten Berge, sondern Halden, und die Eintiefungen sind keine Täler, sondern Senken. Die Heidelandschaft ist wie Dünung: gestaltlose Bewegung, was ihr Äußeres betrifft; und was in und auf ihrem Boden vorgeht, so ist sie Schauplatz eines langen erbitterten Kampfes der Heide gegen den Wald. Der Wald ist zum Sieger bestimmt. Seit der Bestand an Heidschnucken — der kleinen, genügsamen, alle Baumschößlinge abfressenden Schafrasse —, die einst in einer Zahl von fast einer halben Million die Heide bevölkerten, auf kaum mehr als 10 000 zurückgegangen ist, ist der Wald langsam, kaum merklich, aber unaufhaltsam im Vordringen.

Kein stattlicher oder gar Parade-Wald, beileibe nicht. Mehr ein verwegener, vagabundierender Wald, dessen solideste Kumpanei die Kiefern sind, die in ihrem Schatten die Fichten dulden und in deren Gefolge sich die schlanke, genügsame Birke und der Wacholder bewegen. Sie wachsen, sie samen sich aus, und wo sie gar zu sehr vom Winde oder dem Widerstand des Bodens bedrängt werden, verflechten sie sich, verwachsen zu einer Art Trutzburg, und wenn in ihrer Nähe noch ein paar Felsbrocken von Findlingsgestein herumliegen, sieht man die Heide ins Feindliche und Dämonische gesteigert — Gedanken steigen auf, wie die Droste sie in ihrem Gedicht „Die Mergelgrube" so zwingend ausgesprochen hat.

Aber wenn man einer verniedlichten und romantisierten Heide widersprochen hat, darf man sie auch rühmen als eine Landschaft der Kontemplation, der man das Wenige, was sie an Früchten und Farben sich abringt, doppelt dankt. Die Heide blühen zu sehen, ist von seltenem Reiz, und was sie dann an Farbigkeit aufbietet, ist schwerlich in einer anderen Landschaft zu entdecken. Als habe der Mensch, dem das Geschick auftrug, hier zu wohnen, um so eifriger seinen Schmucksinn entwickelt, stößt man gerade hier, zumal in Lüneburg selbst, auf Bürgerhäuser mit schönen Fenstern, phantasievollen, herrlich gestuften Backsteingiebeln, geschmackvollen Erkern und Fassaden. Ricarda Huch hat diese Giebel einmal mit versteinten Schilden verglichen und Rühmendes zum Lobe Lüneburgs gesagt. Einer so wunderbaren Frau kann man nur zustimmen... *R. H.*

The Lüneburg Heath. Birch trees, heather and ancient sheep-folds mark the melancholy mood of this largest German heath. It is situated between Hamburg and Hanover.

Les Bruyères de Lunebourg. Bouleaux, bruyères, ainsi que vieilles bergeries, relèvent la beauté mélancolique de ces landes les plus étendues d'Allemagne, entre Hambourg et Hanovre.

Die wohlorganisierte Demonstration einer heutigen Messe, die, als Sammelpunkt von Angebot und Nachfrage wie als Schau von Neuheiten, eine weitreichende Übersicht gewährt, läßt kaum mehr daran denken, welch eine lange Geschichte diese Institution schon hinter sich hat. Tatsächlich gaben in Mitteleuropa den Anlaß zur Entstehung von Messen die befestigten Lager der Römer in Deutschland und Frankreich, und später waren es die deutschen Heerführer nach der Unterwerfung der wendischen und slawischen Stämme im Osten. Im Mittelalter entstanden Märkte und Messen im Anschluß an die kirchlichen Feste; viele ihrer Namen deuten noch darauf hin: Margarethen-, Reminiscere-, Cantate- und Laurentiusmesse beispielsweise. Den Landesherren gaben sie hochwillkommene Gelegenheit, ihren Säckel zu füllen, und um ihnen eine größere Beliebtheit zu sichern, verstanden sich die Territorialherrscher zu besonderen Privilegien, wie es etwa die Meßfreiheiten waren, die den Kaufleuten Erlaß von Zöllen und lokalen Abgaben gewährten, oder das Meßgeleit zum Schutz der Reisenden.

Nach diesem kleinen Exkurs in die Geschichte der Messen wenden wir uns der Gegenwart und Hannover zu. Die alljährlich stattfindende „Hannover-Messe" ist eine der jüngsten in Deutschland. Die Entwicklung, die sie seit ihrer Gründung im Jahre 1947 genommen hat, ist überaus erstaunlich. Es begann mit 30 000 qm Hallenfläche und 8000 qm Freigelände. Und heute, nach zwanzig Jahren, sind daraus 890 000 qm Messegelände geworden, mit 22 festen Hallen und drei Messehäusern. Vor den Toren der Messe können mehr als 50 000 Kraftwagen auf 944 000 qm Parkraum abgestellt werden. Ein kleines Zahlenspiel, das nicht ohne Bedeutung im Hinblick auf die Besucherzahlen ist. Beachtlich vor allem, daß der für Parkplätze zur Verfügung stehende Raum den des eigentlichen Messegeländes um ein gutes Stück übertrifft.

Die Messe des Jahres 1965 wurde von 5901 Herstellerfirmen aus 30 Ländern besucht. Konferenzen, Tagungen, „Kontakttage" internationalen Gepräges zwischen Vertretern der Wirtschaft, des Bahn- und Postverkehrs, der Maschinenbau- und der Luft- und Raumfahrtindustrie lösten einander während der Messetage ab.

Die Gaukler und Landstörzer der historischen Messen sind verschwunden; die heutigen Fachmessen sind zu einer sozusagen todernsten Angelegenheit geworden, bei der das müßig umherbummelnde Volk der „Sehleute" kaum noch eine Rolle spielt. Und nur die bunte Vielfalt und das reizvolle Formenspiel der Ausstellungsbauten gemahnen den Betrachter noch ganz entfernt an die Lustbarkeiten vergangener Tage, welche Messen und Märkte begleiten — und auch nur den, der unbeschwert von kalkulatorischen und Absatzerwägungen ein optisches Vergnügen an dem bunten Gewimmel haben darf.   *W. M. S.*

HANOVER FAIR. Exhibitors representing the international world of industry meet each year at the Hanover Fair in the capital of Lower Saxony. Shown here is a an open-air display of machinery.

FOIRE DE HANOVRE. Chaque année, les industries du monde entier se rencontrent dans la capitale de la Basse-Saxe. Vue sur une exposition de machines, en plein air.

Braunschweig · *Burg Dankwarderode und Dom*

Braunschweigs Burgplatz ist das Herz der alten Welfenstadt. Diese Stätte ist mehr als nur ein städtebaulicher Kulminationspunkt. Hier manifestieren sich Frömmigkeit, Kunstsinn und politische Macht der Welfen im wuchtigen Steinmassiv der Pfalz Dankwarderode (die im 19. Jahrhundert nach der Zerstörung in etwas opernhaft-historisierender Gestalt wieder aufgebaut ist), im Dom, den Heinrich der Löwe in den strengen, maßvollen Dimensionen und edlen Proportionen des niedersächsisch-romanischen Stils erbauen ließ — und, wie in einer Sammellinse, im Wahrzeichen des Welfenhauses: dem zu gedrängtester Kraft stilisierten Löwen auf seinem hohen Sockel, dieser ersten freistehenden bronzenen Rundplastik des Mittelalters. Vom Kunstsinn Heinrichs des Löwen zeugt aber auch eine der herrlichsten Sammlungen Europas, der Welfenschatz mit seinen Kostbarkeiten, die jetzt im balkengetragenen Knappensaal von Dankwarderode untergebracht sind.

Das Mäzenatentum Heinrichs übernahmen im Lauf der Entwicklung bürgerlicher Kultur die Patrizier der Stadt. Die herrlichen Renaissance-Fachwerkbauten des Hauses „Zur Hanse", „Zum Ritter Georg" und das Gewandhaus bezeugen es. Hier herrschte jene „glückliche Mittelmäßigkeit, verbunden mit bescheidener Stille in innerer Güte, Kraft und Trefflichkeit", die der philanthropische Pädagoge und Erzieher der beiden Brüder von Humboldt, Joachim Heinrich Campe, an seiner Vaterstadt gerühmt hat. Es ist nicht zufällig, daß auch Wilhelm Raabe, diesem Geist verwandt, der „letzte und echteste Romancier des Gefühls und der schwärmenden Seele", in Braunschweig beheimatet war, daß Lessings Emilia Galotti „mit gnädigster Bewilligung" am 13. März 1772 hier ihre Uraufführung erlebte und daß der romantische Komponist und weltberühmte Violinvirtuose Ludwig Spohr hier geboren ist.

Heute hat sich um das Herz der alten Welfenherrlichkeit eine bedeutende Industrie in modernen Stahl- und Betonbauten angesiedelt, und wer fotografierend die Stadt des alten „Haus- und Winkelsinns" durchstreift, der wird sich gern daran erinnern lassen, daß hier seit der Mitte des 19. Jahrhunderts der „Mechanicus und Opticus" Johann Friedrich Voigtländer „in eigener Fabrique" sein „Patent-Doppel-Theater-Perspektiv für beide Augen zugleich", den guten alten Operngucker unserer Großeltern, herstellte und in die Welt versandte — unter einem Namen, den heute jeder Amateur kennt. Wer sich aber auf seine eigenen, unbewaffneten Augen verläßt, der wird in der alten Welfenstadt reiche Beute lebendiger Schönheit machen.   W. M. S.

BRUNSWICK. The cathedral, the castle and the statue of the lion were erected in the 12th century by Henry the Lion, one of the most powerful of the medieval princes.

BRUNSVICK. La cathédrale, le château, et le Lion, forment cet ensemble monumental qu'Henri le Lion édifia, au XIIᵉ siècle; l'un des princes les plus puissants du moyen âge.

Mitten durch den Harz verläuft heute die Linie, die Deutschland in zwei Teile scheidet und damit dieses im Zentrum des alten Deutschen Reiches gelegene, an Ausdehnung kleinere Mittelgebirge das Schicksal des großen Ganzen mitleiden läßt. Die Zonengrenze verläuft unweit des Brockens, des mit 1142 Metern höchsten Harzberges, der mehr Kuppe als Berg ist. Die meisten Harzberge sind von dieser Art; heroisch anmutende Felsschroffen, Einschnitte und Abstürze finden sich mehr auf halber Höhe und am Rande des Harzes, fast immer in den Tälern, welche die nach der Schneeschmelze anschwellenden Harzflüsse im Laufe von vielen Jahrtausenden tiefer und tiefer auswuschen. Die berühmteste Formation — Roßtrappe und Hexentanzplatz — bildet das Bodetal. Siebertal, Ilsetal, Selketal, sie alle sind an kleine Flüsse oder ein zum Stausee gebändigtes Bergwasser gebunden — wie auch das Okertal, im Nordharz gelegen, über dem sich die Käste-Klippen auftürmen, die unsere Aufnahme zeigt.

Der Harz ist Wanderlandschaft. Auch wenn ihn ein Netz von guten Straßen überspannt, auch wenn Buslinien und die gemächlich-romantische Harzquerbahn, die von Nordhausen nach Wernigerode führt, ihn bis ins kleinste Dorf „erschlossen" haben — den eigentlichen Reiz des Gebirges erschließt sich erst der Wandernde, mag es nun der mit Stock und Schuh bewehrte des Sommers oder der Ski-Wanderer des Winters sein. Im Unterharz wachsen die schönsten Buchen Deutschlands, im Oberharz die mächtigsten Tannen. Der Boden trägt köstliche Pilze, und Walderdbeeren, Himbeeren und Blaubeeren sind von seltenem Aroma. Vogelkenner schwärmen vom Reichtum an Singvögeln, und die angesehensten deutschen Poeten wiederum sangen von den Schönheiten der Landschaft. Goethes und Heines Harzreisen haben literarischen Niederschlag gefunden, der Weltruhm erntete. Von Novalis bis Eichendorff und von Fontane bis Konrad Weiß reichen die Lobsprüche aus dem Munde anderer poetischer Harzreisender, und mit Hrotsvith von Gandersheim, Klopstock, Gleim, Gottfried August Bürger, Hartleben und Paul Ernst hat das kleine Bergland auch selbst einen nicht unerheblichen Anteil an bodenständigen Schriftstellern hervorgebracht.

Es ist anheimelnde, gastliche Landschaft, mit reinen Quellen und Bächen, kleinen Wasserstürzen und stillen Teichen, würzigem Wald und windüberpfiffenen Ebenen, ein Schauplatz traditionsreichen Erzbergbaus mit bescheiden sich in die Senken duckenden Dörfern und von Kaisergunst ausgezeichneten Städten, mit wunderschönen Rathäusern und aufragenden Domen, liebenswert selbst für den, der den Harz nicht seine Heimat nennen darf.   R. H.

THE HARZ MOUNTAINS. Granite cliffs in the Oker Valley are typical of this region. The Iron Curtain that divides Germany runs through the center of this mountainous area.

LE MASSIF DU HARZ. D'étranges rochers de granit, caractéristiques de la vallée de l'Oker, émergent des collines boisées. Le rideau de fer qui sépare l'Allemagne en deux parties, passe à travers ces montagnes.

Quedlinburg · *Burgberg mit Dom*

Von den drei vielgenannten Domen des Harzes — dem Halberstädter, dem Nordhäuser und dem Quedlinburger — sind die beiden letzteren eng mit der Geschichte des sächsischen Herrscherhauses verbunden, das den Deutschen mit Heinrich I. und Otto dem Großen bedeutende Könige schenkte. Mathilde, zweite Gemahlin Heinrichs und Mutter Ottos, gilt als Stifterin des gerade 1000jährigen Domes in Nordhausen, und Heinrich selbst (und später Mathilde) wurde 936 in der Peterskirche zu Quedlinburg beigesetzt, die in Gestalt der Krypta unter der heutigen Stiftskirche die Zeiten überdauert hat. Heinrich hatte diesen Ort und diese Landschaft zu Lebzeiten geliebt, hatte in ihr — wie die Sage weiß, beim Vogelfang — seine Berufung zum König erfahren und wollte in ihr begraben sein. Hoch auf dem Burgberg erhebt sich der Dom, Quedlinburg weithin sichtbar überragend, als machtvoller Zeuge für den Anteil, den die Landschaft des Harzes zuzeiten an der Geschichte des Reiches hatte. In einem der anheimelnden Fachwerkhäuser, wie sie sich, zu gewinkelten Gassen gereiht, noch heute zu Füßen des Domes drängen, wurde 1724 Friedrich Gottlieb Klopstock geboren, der berühmteste Sohn der Stadt.

Der Harz ist alter Kulturboden, und nicht nur die Namen Quedlingburg, Halberstadt und Nordhausen stehen dafür ein. Auch Goslar hat teil am Nachglanz mittelalterlicher Geschichte — als Kaiserpfalz soll es Feste gesehen haben, zu denen mehr als dreißigtausend Gäste versammelt waren. Als Freie Reichsstadt zählte es zu den Favoriten kaiserlicher Gunst, als Hansestadt zu den bedeutenderen Handelsplätzen; wer heute den Huldigungssaal des alten Rathauses betritt, erhält eine Vorstellung von der Lebenskraft und Pracht spätgotischer Zeit. Und von den Ruinen des Klosters Riechenberg, unweit von Goslar (Dehio nannte die Riechenberger Krypta die reichste von Niedersachsen), spannt sich ein unsichtbarer Bogen zu denen des Klosters Walkenried, am Südrand des Harzes, dessen stilistische und formale Eigenarten an große Vorbilder in Maulbronn und in Burgund anschließen.

Aber die Zeit ist auch im Harz nicht stehengeblieben, und neben die alten Kaiserstädte sind schmucke Bürgerstädtchen getreten, deren Namen auf ein freundliches Echo rechnen dürfen: Wernigerode, das eines der zauberhaftesten alten Rathäuser besitzt, das versponnene Stolberg, das großzügige Bad Harzburg, Braunlage, St. Andreasberg, Blankenburg ... Sie alle wurzeln und blühen auf dem gleichen Grund, auf dem vor mehr als einem Jahrtausend Heinrich der Vogler, das Harzer Vorland gegen die räuberischen Einfälle der Ungarn abzusichern, die Festung Quintilingaburg erbaute. *R. H.*

QUEDLINBURG IN THE HARZ MOUNTAINS was a favorite residence of the German emperors. Its collegiate church was built between 997 and 1129 and is the burial place of Henry the Fowler.

QUEDLINBOURG DANS LE HARZ. La «Frauen-Stiftskirche», construite en 997-1129, avec le tombeau de Henri Ier (919-936), marque l'époque où cette ville était la résidence préférée des empereurs d'Allemagne.

Das Wohnhaus Friedrich Schillers — an der Esplanade in Weimar — wurde 1802 für 4200 Reichstaler von ihm erworben, nach dem Tode von Charlotte Schiller wieder veräußert, 1847 von der Stadt zurückgekauft, am 9. Februar 1945 durch Bombentreffer beschädigt und 1946 in seiner alten Gestalt wiederhergestellt. Es ist nur eines der fürstlichen und bürgerlichen Häuser, die an die große Zeit Weimars erinnern, aber gewiß nicht das geringste. Im Mansardentrakt des Gebäudes — im Erdgeschoß lagen die Wirtschaftsräume, die erste Etage bewohnte die Familie — lebte, arbeitete und starb Friedrich Schiller, nachdem er während dreier ihm noch verbliebener Jahre die „Braut von Messina" abgeschlossen, den „Wilhelm Tell" geschrieben und den „Demetrius" begonnen hatte. Hier erlosch, sich unaufhörlich selbst verzehrend, das Leben des genialen Poeten, von dem Goethe, der ältere und späte Bruder in Apoll, in seinem Nachruf sagte: „Und hinter ihm, in wesenlosem Scheine, lag, was uns alle bändigt, das Gemeine."

Goethe und Schiller — die Freundschaft dieser beiden Männer kann als ein Glücksfall der deutschen Geistesgeschichte nie genug gepriesen werden. Und dennoch ist der Ruhm der beschaulichen, in eine maßvoll idyllische Landschaft gebetteten Stadt mit diesen Namen nicht erschöpft. Wieland und Herder, Musäus und Liszt standen wie Sterne verwandter Ordnung um das Sternbild der beiden, und eine Schar von Satelliten umkreiste sie: Maler und Musiker, Räte und Kanzlisten, Herzöge und Höflinge, Kommödianten und Theologen und das aufstrebende Bürgertum des 19. Jahrhunderts. Gräber mit unvergessenen Namen gibt es genug in Weimar und, Gott sei Dank, auch noch viele jener Häuser und Bauten, die der Atem nachfolgender Generationen wieder beseelte und deren größere und kleinere Geschichte der Nachwelt vertraut geblieben ist: die Herderkirche und das Franziskanerkloster (heute Konservatorium), das Schloß mit Bastille und Turm, das Lucas-Cranach-Haus am Markt, der Bibliotheksturm und das Fürstenhaus, die Jakobskirche und das Wittumspalais, Goethes Gartenhaus und das Haus am Frauenplan, die Wohnhäuser von Liszt, Herder und Schiller — man kann sie nicht sehen, ohne angerührt zu sein vom Geiste einer Epoche, die Starkes und Mildes zu paaren verstand. Beim Klang solcher Namen verspürt man Lust zu einem Gang durch Park und Allee zum Schloß Belvedere oder hinaus nach Tiefurt, wo die Ilm im Waldschatten rauscht und das Musentempelchen steht, oder nach Schloß Ettersburg, wo Goethes „Iphigenie" — mit ihm selbst als Orest und mit Corona Schröter — eine denkwürdige Erstaufführung erfuhr und wo Schiller seine „Maria Stuart" abschloß ... So viele Stätten, von guten und großen Menschen betreten — wer möchte sie nicht als geweiht empfinden?   *R. H.*

SCHILLER HOUSE IN WEIMAR. Friedrich Schiller, the famous German poet, lived in this house from 1802 to 1805 when Weimar, through Goethe's influence, was the center of German classicism.

LA MAISON DE SCHILLER, À WEIMAR, habitée par le poète pendant les années 1802-1805, à une époque où la petite ville était le centre littéraire de l'Allemagne, sous l'influence de Goethe.

Wartburg · *Die Burg im Winter*

Kaum eine andere Stätte ist dem Deutschen so zum Symbol geworden wie die Wartburg, die, von Sage und Geschichte umwoben und durchwittert, die Höhe des Thüringer Waldes über Eisenach krönt. Sie ist eine jener Stätten, an denen sich Erträumtes und Erlebtes wie unvertilgbare Patina niederschlagen.

Ihr Ursprung liegt im Dunkel. Die Legende sagt, der thüringische Graf Ludwig habe sich — es war im Jahre 1067 — auf der Jagd verirrt, habe, um sich zu orientieren, den Berg erklommen und dort ausgerufen: „Wart, Berg! Du sollst mir eine Burg werden!" Die erste urkundliche Erwähnung dieser der Sage zufolge so intuitiv geplanten Burg stammt aus dem Jahre 1088. Hundert Jahre später tritt sie vollends aus dem Dunkel. Der Urenkel des Gründers, Landgraf Hermann I., als Landesherr eine unbedeutende Gestalt, wäre kaum in die Geschichte eingegangen, hätte er nicht die bei hohen Herren jener Zeit verwunderliche Passion gehabt, statt erbeuteter Feldzeichen und Kriegsschätze Dichter auf seinem Sitz zu vereinen. Was damals in deutschen Landen „sagte und sang", ein Walther von der Vogelweide, Wolfram von Eschenbach, Heinrich von Ofterdingen, trat zum berühmten Sängerkrieg auf der Wartburg an. Einige Jahrhunderte später greift Richard Wagner den Stoff auf und formt ihn zu seinem „Tannhäuser".

Wieder überwuchert die Legende die Historie: Auf der Wartburg ereignet sich das Rosenwunder der frommen Landgräfin Elisabeth. Man kennt sie. Elisabeth nahm sich — sehr zum Verdruß ihres geizigen Gatten, des Sohnes jenes mäzenatischen Hermann — der Kranken und Bedürftigen Eisenachs an. Sie ging mit einem Körbchen voll milder Gaben den Burgberg hinab, wurde von ihrem Mann dabei überrascht und antwortete auf seine Frage, was sie im Korb trüge, es seien Rosen. Der Mißtrauische öffnete den Deckel — und tatsächlich, der Korb quoll von Rosen über... Elisabeth wurde schon vier Jahre nach ihrem Ableben heiliggesprochen.

Wieder wird es dreihundert Jahre still um die Burg. Dann aber erscheint dort, das Schwert an der Seite, der „Junker Jörg" und wird vom Schloßhauptmann Hans von Berlepsch aufgenommen. Es ist Martin Luther, der auf dem Wormser Reichstag für „vogelfrei" erklärt worden ist. Nun wird die Burg zur Wiege der Großtat deutscher Sprachgeschichte. In wenigen Wochen übersetzt der „entlaufene Mönch" hier das Neue Testament — ohne wissenschaftliche Hilfsmittel und nur gestützt auf sein eigenes Wissen und seine unerhörte Wortgewalt.

Unser Jahrhundert hat sich der Burg angenommen und sie von den Zutaten des neunzehnten befreit, gefährliche Schäden repariert und den Zustand wiederhergestellt, in dem sie der große Sohn Eislebens erblickt haben mag, als er in den ersten Märztagen 1522 seinen Zufluchtsort verließ: unter noch winterlich kahlem Geäst auf der schneebedeckten Höhe des Thüringer Waldes. *W. M. S.*

WARTBURG FORTRESS near Eisenach, the most famous castle in Thuringia, is associated with the saga of Tannhäuser and the legend of St. Elizabeth. Martin Luther took refuge here in the 16th century.

LA WARTBOURG, près d'Eisenach. Ce château, refuge de Martin Luther au XVIe siècle est le plus célèbre de Thuringe; il évoque pour nous les noms de Tannhäuser est de Ste Elisabeth (XIIIe siècle).

Um die Mitte des 13. Jahrhunderts hat die plastische Kunst Deutschlands eine Phase erreicht, in der sich der Übergang vom romanischen zum gotischen Stil abzuzeichnen beginnt. Die vereinfachte, großflächige Form der romanischen Plastik lockert sich, wird fließender und lebensnäher; der strenge Kanon der Typisierung weicht einer mehr individuellen Deutung. Bamberg, Straßburg und Naumburg zeigen diese Entwicklung besonders eindrücklich.

Im Westchor des St.-Peter-und-Pauls-Domes zu Naumburg stehen, von unbekannter Hand nach 1249 geschaffen, an den Pfeilern — an Stellen also, die sonst nur den Heiligen und Märtyrern vorbehalten sind, und mit ihrer Umgebung architektonisch zusammenempfunden — die Statuen der zwölf Stifter und Gönner der Kirche, unter ihnen Ekkehard von Meißen und seine Gemahlin, Uta von Ballenstedt. Zweifellos hat der unbekannte Meister sich von der französischen Hochgotik inspirieren lassen. Aber was er hier geschaffen hat, darf man durch und durch deutsch nennen, sofern man innerhalb des ganz Europa durchflutenden neuen Kunstempfindens nationale Eigentümlichkeiten überhaupt gelten lassen will. Eine solche Betrachtungsweise birgt natürlich Gefahren in sich, die in der bewußten Propagierung des Bamberger Reiters und der Uta in der jüngstverflossenen Vergangenheit besonders deutlich wurden. Man sollte das vergessen, wenn man diese Gestalten in ihrer schlichten und strengen Würde auf sich wirken lassen will. Es sind von tiefer Gläubigkeit erfüllte Menschen, jenseits aller angemaßten Größe, Menschen, in deren Gesichtern sich eine erstaunliche geistige Souveränität ausdrückt. Nicht ganz zufällig scheint es, daß die Züge der Männer — wie etwa bei Utas Gatten Ekkehard, bei Timo von Küstritz oder bei Kaiser Heinrich an der Adamspforte des Bamberger Doms — viel individueller und „porträtähnlicher" geprägt sind als die der Frauen. In diesen blüht, bei aller Lebensnähe, noch etwas vom Lächeln der frühromanischen Madonnen und läßt sie einander ähnlicher erscheinen. Freilich wird diese Typisierung durch die strenge, keusche Gewandung und die schweren Kronen über den Kopfbinden unterstützt.

Utas Hand, welche die Mantelfalten rafft, könnte die der Jungfrau sein, welche das Jesuskind trägt — eine sensitive, vergeistigte und dabei kraftvolle Hand. Aber forscht man tiefer in der Geste, mit der Uta beinahe kokett den Kragen ihres Mantels dichter um ihr Gesicht zieht, und in diesem selber, diesem wachen, von leiser Resignation überschatteten Antlitz mit den empfindsamen Brauen, dann ist es doch wieder ganz die irdische Frau, die Landesherrin und Mutter, die auf der Wende eines Zeitalters sich im Gleichgewicht zwischen ihrer verpflichtenden Stellung und ihren fraulichen Gefühlen zu halten weiß.   W. M. S.

NAUMBURG. The statue of Uta, from a series of life-sized sculptures in the 13th century cathedral in the Saale valley, is a masterpiece of a Medieval German sculptor.

NAUMBOURG. La statue d'Uta appartient à un cycle de sculptures de grandeur nature, dans le chœur ouest de la cathédrale (XIIIᵉ siècle). L'artiste anonyme est surnommé le «Maître de Naumbourg».

Dresden · *Das Kronentor des Zwingers*

Erst zu Beginn des 13. Jahrhunderts hat die kleine Siedlung wendischer Fischer am Elbufer als Stadt eine gewisse Bedeutung gewonnen, obgleich ihre begünstigte Lage am Strom alle Voraussetzungen für eine schnellere Entwicklung gegeben hätte. Zweihundert Jahre später indessen begann unter den Wettinern ein glanzvoller Aufstieg Dresdens, bis es schließlich im 18. Jahrhundert jene Blüte erreichte, die der Stadt den rühmlichen Namen „Elbflorenz" eintrug. Diese Epoche ist gekennzeichnet durch einen Herrscher, der 1694 Kurfürst von Sachsen, 1697 König von Polen wurde und alle Pracht des Barock auf sich vereinigte: August der Starke. Köstliche Bauschöpfungen, voran der Zwinger, und großartige Kunstsammlungen, die weltberühmte Gemäldegalerie vor allem, sind in Dresden zu Symbolen dieser Ära der unumschränkten Repräsentation geworden. In Matthäus Daniel Pöppelmann, seinem in Rom, Neapel und Paris geschulten „Landbaumeister" (1662 bis 1736), hatte August den Mann gefunden, der seine Vorstellungen von einer Residenz verwirklichte, die seinem Lebensgefühl Ausdruck verlieh und Dresden jene unvergleichlich beschwingte, von patinagrünen Turmhelmen akzentuierte Silhouette gab, die außer dem alten Mainz keine andere deutsche Stadt aufzuweisen hatte.

Der Zwinger (im alten Sprachgebrauch ein zu ritterlichen Übungen dienender Burghof) war nach Augusts Wünschen ursprünglich als Vorhof eines Schlosses gedacht, dessen Bau jedoch aus Geldmangel unterblieb. Augusts Hofhaltung, seine Feste, seine Günstlinge und Mätressen (von denen er der Chronik zufolge 352 Kinder gehabt haben soll) verschlangen ungeheure Summen, nicht weniger als seine Kriege. So blieb es also bei diesem „Vorhof", der 1711-22 entstand — und das ist vielleicht eine glückliche Fügung gewesen, da der Zwinger nun als eigenständiges Werk seine ganze Grazie entfalten konnte. Sein Grundriß ist von vollendeter Harmonie: Ein längliches Galerien-Viereck buchtet sich an den beiden Schmalseiten zu tiefen Rundungen aus, deren Mittelpunkte durch Seitenpavillons markiert sind; seine dem Graben zugewandte Front ist von dem köstlichen Kronentor unterbrochen, während nach Norden der Wallpavillon einen kraftvollen Abschluß bildet. Bei der Schleifung der Festung Dresden im Jahre 1812 wurde sehr zum Schaden des Ganzen der Graben zugeschüttet und bepflanzt; 1921 wurde er wieder freigelegt. Dresdens jüngstes Schicksal ist eines der schwersten unter allen deutschen Städten. Fast alle seine Kostbarkeiten wurden schwer beschädigt oder völlig zerstört. Die bisher geleistete Wiederaufbauarbeit ist überaus verdienstvoll. Auch der Zwinger ist, getreu seinem ehemaligen Zustand nachgebildet, seit 1963 wiederhergestellt — bis in unsere Tage ein Zeugnis künstlerischen Genies und wahrhaft königlicher Initiative.   *W. M. S.*

DRESDEN, with its magnificent Baroque architecture, was one of Germany's most beautiful cities until it was destroyed in several air raids in 1945. The Zwinger, built in the 18th century, was recently reconstructed.

DRESDE était, jusqu'à sa destruction en 1945, l'une des plus belles villes allemandes, surtout pour son baroque. Le «Zwinger» (sur la photo: porte couronné) fut édifié au XVIIIe siècle par Pöppelmann.

Elbsandsteingebirge · *Die Bastei*

Es sollen zwei wanderfreudige sächsische Pfarrherren zu Neustadt und Lohmen gewesen sein, die gegen Ende des 18. Jahrhunderts eine Landschaft „entdeckten", die bis dato unbeachtet und fast völlig unbekannt geblieben war. Am rechten Ufer der Elbe, südlich von Dresden, ragten aus dem weiten Flußtal und aus engen, schluchtenartigen Gründen, in denen nur hier und dort ein einsames Mühlrad ging, senkrechte Steinpfeiler und Felswände in abenteuerlich-phantastischen Formen auf. Sie stuften sich terrassenförmig übereinander, zeigten sich als steinerne Nadeln, als bizarre Felstore oder als Tafelberge. Es war jener Teil des Elbsandsteingebirges, dem die beiden Entdecker statt des bisher gebräuchlichen Namens „Meißener Oberland" den hochtönenden verliehen: „Sächsische Schweiz". Manch ein rühriger Verkehrsdirektor unserer Tage könnte stolz sein auf solch einen werbewirksamen Einfall — und auf den Erfolg, den er gezeitigt hat. Denn tatsächlich wurde diese Landschaft schon um die Mitte des vorigen Jahrhunderts zu einer der meistbesuchten Gebirgsgegenden Mitteleuropas. In den Ruhm der Entdeckung und Namensgebung teilen sich mit den beiden geistlichen Herren auch die Maler Karl Anton Graff und sein Lehrer Zingg — gebürtige Schweizer, die an der Dresdener Kunstakademie wirkten und deren romantischem Natur- und Lebensgefühl diese Landschaft besonders entgegenkam. Auch einen anderen Niederschlag in der Kunst der Romantik — diesmal der Oper — hat diese Landschaft gefunden: in Webers „Freischütz". Hier taucht Samiel, der wilde Jäger, in der „Wolfsschlucht" auf, und diese hat ihr Modell in einer der wilden Basteischluchten, dem Teufelsgrund.

Dieses zerspülte und zerklüftete Ufergebirge der Elbe ist tatsächlich von faszinierendem Reiz. Immer neue Blicke tun sich in die Seitentäler auf: den Liebentaler und den Uttewalder Grund, den Tiefen Grund. Dazu kommen die Erhebungen des Liliensteins und des Königsteins — und als Glanzpunkt die Bastei bei Wehlen, die unser Bild zeigt (mit dem Lilienstein am Horizont). Senkrecht steigt sie wie eine bewehrte Bastion mehr als zweihundert Meter über dem Fluß auf, und die Brücke, mit der man ihre zerklüfteten Massen verbunden hat, fügt sich — ein seltener Glücksfall unter solchen Eingriffen in die Natur — großartig ihrem Bild ein.

Nicht nur der landschaftliche Reiz des Elbsandsteingebirges hat ihm seinen Ruhm gesichert. Hier wurden schon früh die Steinbrüche, die auch das Material für die Barockbauten Dresdens lieferten, zu einer der ertragreichsten Produktionen des Landes. Die Sachsen waren von eh und je „vigilant" (sprich: fichelant!) und haben es verstanden, aus dem, was die Natur ihnen bot, etwas zu machen. Bis hin zu jenen kargen Rinnsalen in den Schluchten dieses Gebirges, die man sorgsam aufstaute und als Wasserfall für ein oder zwei Minuten herabrauschen ließ, wenn ein gebührender Obolus entrichtet wurde... *W. M. S.*

SAXONIAN SWITZERLAND. These massive rock formations, called the "Bastei", or Bastion, are part of the Elbe Sandstone Mountains, popularly called "Saxonian Switzerland". In the background, Mount Lilienstein.

SUISSE SAXONNE. Le massif gréseux au sud de Dresde, appelé familièrement «Suisse saxonne», compte parmi les plus intéressantes de ses bizarres formations rocheuses: la «Bastille». A l'arrière-plan le mont Lilienstein.

Berlin · *Abendlicher Kurfürstendamm*

Der Kurfürstendamm, neben der guten alten Flanierstraße „Unter den Linden" die populärste Straße Berlins, gleicht weder dem New Yorker Broadway noch den Pariser Champs-Elysées noch der Via Veneto Roms. Und doch hat der Kurfürstendamm von jeder dieser gerühmten Straßen etwas: von den Champs-Elysées den Charakter einer Achse und die fürstliche Tradition (wenigstens im Namen), vom Broadway das lichtüberflutete Auf und Ab mit Geschäften, Theatern und Vergnügungsetablissements — und von der Via Veneto den leicht versnobten, liebenswürdigen Schlendrian des Flanierens und der Caféterrassen, sofern das Berliner Wetter der Übersiedlung ins Freie nicht widerspricht. Aber das Klima Berlins, auch wenn es mit dem Roms nicht in Wettstreit treten kann, ist vorzüglich, ein echtes Binnenklima, trocken, spritzig, moussierend; die sprichwörtliche Aufgewecktheit der Berliner — das spürt der Besucher an sich selbst — hängt ursächlich damit zusammen. Der Kurfürstendamm ist eine breite und sehr lange Straße, eine der großzügigsten städtebaulichen Schöpfungen des kaiserlichen Berlin. Aber es wäre ungerecht, so zu tun, als ob er ganz für sich allein bestünde, denn ihn tragen die zumeist rechtwinklig einmündenden Straßen mit; er ist das Bett, das sie auffängt, die Zuströme und Nebenflüsse, die zum Teil auch große Namen tragen — eine Art Schlagader von Berlin. Hier pulste bis zum Kriege farbiges, elegantes, interessantes, internationales Leben. Der „Kudamm", wie er mit ironisch-zärtlichem Unterton genannt wurde, war eine Berliner Straße und eine Weltstraße dazu.

Daß der Kurfürstendamm von heute nicht mehr mit dem von gestern und vorgestern identisch ist, bekundet schon die Silhouette der verstümmelten Gedächtniskirche, auf die er aufläuft. Man hat den Turm der Kirche als eine Art Mahnmal in seiner Zerstörtheit belassen und einen kontrastierenden modernen Bau (von Professor Eiermann entworfen) angefügt, in dem der Gottesdienst gehalten wird. Aber jedermann weiß, daß dieser symbolische Aspekt überschattet, ja aufgezogen wird von einer brutalen Realität: der Aufspaltung der alten Reichshauptstadt in ein West- und ein Ost-Berlin, seit dem 13. August 1961 vor aller Welt durch Errichtung einer Mauer bekräftigt und zementiert.

Der Kurfürstendamm der sechziger Jahre hat viel von seiner alten Anziehungskraft und Eleganz zurückgewonnen, wie denn überhaupt West-Berlin, was seine Verkehrswege angeht, verjüngt erscheint — aller Bedrohung zum Trotz. Im Lichte wiedergewonnener gesamtdeutscher Freiheit, die wir erhoffen, würde diese Straße strahlen wie nie zuvor.   *R. H.*

BERLIN. The Kurfürstendamm ist the liveliest and most popular boulevard in the western part of the divided city. In the background is the ruin of the "Kaiser-Wilhelm-Gedächtniskirche", flanked by a modern annex.

BERLIN. Le «Kurfürstendamm» est l'avenue la plus connue et la plus aimée de la partie Ouest de la métropole. A l'arrière-plan, on voit les ruines de la «Kaiser-Wilhelm-Gedächtniskirche» et les annexes modernes.

Jener „Geist von Potsdam", den manche Zeitalter im Drill der „langen Kerls" symbolisiert glaubten, war nur ein einzelner Aspekt des preußischen Geistes, und nicht eben der fruchtbarste. Der rebellierende Sproß eines harten und engherzigen Vaters — Friedrich II., der der „erste Diener seines Staates" sein wollte — hatte es anders gewußt. Diesen Schöngeist und Individualisten, den Verfasser eines umfangreichen Œuvres von Gedichten, Dramen, Kompositionen, historischen und philosophischen Schriften, der neben Lessing der bedeutendste Schriftsteller der deutschen Aufklärung war, hatte ein unerbittliches Geschick in schicksalsträchtiger Zeit auf den Thron und in den Mittelpunkt machthungriger Auseinandersetzungen gehoben.

Und gerade hier beweist sich die Stärke jenes anderen Potsdamer Geistes, den er repräsentiert. Er verstand es — nicht nur für seine Person, und darum um so beispielhafter —, der geistigen Bewegtheit seiner Epoche in der Gestaltung seines Lebensraumes einen unverwechselbaren Ausdruck zu verleihen. Das mächtige „Neue Palais" bei Potsdam, das er als Abschluß der ganzen Anlage von Sanssouci in den Jahren von 1763 bis 1769 bauen ließ, hat diesem Geist seine äußere Gestalt gegeben. Weicher, schwebender in seinen Konturen und seinem Dekor als Knobelsdorffs Stadtschloß, beschwört sein Figurenreichtum die Gestalten der Mythologie in jener zärtlich-ironischen Haltung, die die späte Blüte des französischen Esprit vor der Revolution war. Im Konzertzimmer, das unser Bild zeigt, lösen sich die Senkrechten in perlende Kadenzen auf, in denen die Flöte des Hausherrn nachzutönen scheint. Der Plafond lastet nicht mehr in barocker Wucht, er spannt sich wie ein blütendurchwirktes Segel über den Raum, Eroten umgaukeln das Liebesspiel dezent entblößter Götter und Halbgötter und scheinen sich in den Adagio-Passagen des königlichen Komponisten zu wiegen, die ihm so besonders gut gelungen sein sollen. Das ist der andere Geist von Potsdam: zärtlich, fragil, eine Endphase vor der Erstürmung der Bastille, die zwanzig Jahre später Ereignis wird, und siebzehn Jahre vor dem Tod des Einsamen, der die ahnungsvollen Sätze hinterlassen hat: „Wollte Europa auf mich hören, so würde es fein stille halten und keine neuen tragischen Szenen mehr vorbereiten, die nur Verwirrung stiften. Seine Leidenschaften sind stärker als die Stimme des Weisen, und es macht ihm Spaß, aufzubauen und umzureißen..." Der König hätte dieses resignierende Wort nicht auf Europa zu beschränken brauchen. Es gilt dem ganzen Planeten, den er ein „Irrenhaus des Kosmos" genannt hat.   *W. M. S.*

POTSDAM. The buildings erected here by Frederick the Great are a rare document of the cultivated spirit that reigned in Prussia during the 18th century. The concert room of the New Palace was built around 1767.

POTSDAM. Les édifices que fit bâtir Frédéric II le Grand, roi de Prusse, ami et hôte de Voltaire, sont des témoignages exquis d'un esprit raffiné. La salle de concert, au Nouveau Palais, date d'environ 1767.

Neubrandenburg in Mecklenburg · *Das Treptower Tor*

Man hat die Baukunst Mecklenburgs als „Kolonialkunst" bezeichnet — als die Kunstäußerung eines Gebietes, welches durch Fürsten und Mönche um die Mitte des 12. Jahrhunderts von Mitteldeutschland aus erschlossen worden ist. Wie eindrücklich widerspricht allein unser Bild einer so abwertenden Bezeichnung! Die Stadt Neubrandenburg ist, wie auch das benachbarte Friedland, 1248 vom Markgrafen Johann I. von Brandenburg gegründet worden. Ihre vier Stadttore aus dem 15. Jahrhundert, von denen unser Bild den Außenbau des Treptower Tores zeigt, sind — als beherrschende Akzente der Stadtbefestigung — weithin berühmte Zeugnisse der Backsteingotik.

In Norddeutschland und in angrenzenden Gebieten Mitteldeutschlands hat sich die Backsteingotik entwickelt, nachdem das bisher neben dem Holz verwendete Baumaterial, Feldsteine und Findlingsbrocken, selten zu werden begann und der gebrannte Ziegel, bis dahin noch ein Luxus, sich rasch als allgemeiner Werkstoff einbürgerte. Da jedes Material seine eigenen Gestaltungsmöglichkeiten in sich trägt (man denke nur an die heutige Verwendung des langgeschmähten Betons in Bauten wie der Kirche zu Ronchamps von Le Corbusier), konnte sich im frischen Impuls eines neuerwachten gestalterischen Willens ein einmaliger und unverwechselbarer Stil entfalten: die Backsteingotik. Neubrandenburg, Friedland, Malchin, Parchim zeigen in unserem Gebiet, nur in gewissen individuellen Grenzen variiert, großartige Fassaden, in denen das neue Material souverän den Formprinzipien des gotischen Maßwerks angepaßt wurde. Der sprödere Charakter des Backsteins bewirkte dabei — im Gegensatz zu dem Haustein, aus dem die Meister Westdeutschlands das überreiche Strebewerk ihrer Dome formten — eine vereinfachende Abwandlung der hochgotischen Form nach neuem, eigenem Gesetz. Es findet überzeugenden Ausdruck auch in den herrlich gegliederten Backsteinbauten Mecklenburgs, die trotz der Mannigfaltigkeit ihrer Formen so erstaunlich mit der Herbheit und Wortkargheit der Menschen harmonieren. Der warme Ton des Backsteins, der stets noch etwas von der Glut seines Brandes bewahrt zu haben scheint und dessen Konturen im Lauf der Zeit nicht verändert, aber weicher und damit auch organischer geworden sind, bildet mit dem Grün des Wiesenlandes und dem rein-kühlen Blau der Seen und des nördlichen Himmels einen herrlichen Dreiklang.

Etwas Altes läßt sich nicht wiederholen. Das gilt für die Gotik im allgemeinen und ganz besonders für die Backsteingotik. Der Versuch, den das 19. Jahrhundert, vor allem in seinen Kirchenbauten, dazu unternommen hat, mußte zu Mißgestaltungen führen. Was aber in Mecklenburg, und besonders in Neubrandenburg, als Zeugnis einer echt gewachsenen Stilepoche entstanden ist, bleibt beispielhaft.   *W. M. S.*

NEUBRANDENBURG. The Treptow Gate in this little town in Mecklenburg is a masterpiece of north German brick Gothic that decorated churches and public buildings in this region in the 15th century.

NEUBRANDENBOURG. La porte de Treptow, dans la petite ville mecklembourgeoise, est un des chefs d'œuvre Gothique d'Allemagne du Nord; le XVᵉ siècle y est caractérisé par l'emploi de la brique.

Es soll hier nicht die Rede von jenem Rügen sein, das den Forderungen der Zeit folgend, unzählige Feriengäste anzieht — oder von den Menschen, welche die mächtigen, im Geschiebe der Eiszeit hier abgelagerten Kreidevorkommen abbauen. Von dem irdischen Paradies wollen wir sprechen, das dem Schlesier Gerhart Hauptmann zur Heimat wurde und in dem er begraben sein wollte.

Wer könnte den Zauber dieser Insel je vergessen, der ihn einmal tief erlebt hat? Wo sonst begegnet man noch diesem gewaltigen Akkord aus blauer Meeresweite, dunklem Wäldergrün und der blendenden Helligkeit der Kreideklippen? Wo findet man an herbstlichen Abenden diese Musik einander umspielender und durchdringender Töne, wenn rosiges Gewölk und bunt verfärbtes Laub den Spiegel der See opalen aufschimmern lassen? Wo lauscht man, wenn man der lichten Farbensymphonie der Künste den Rücken kehrt und durch die Buchenwälder zum Herthasee wandert, solch einer geheimen Botschaft, welche aus den Tiefen der Vergangenheit zu kommen scheint?

Es ist uralt heiliges Land, die Wohnstatt der Erdmutter, die alljährlich einmal in ihrem von Kühen gezogenen Wagen, von ihrem Priester geleitet, segnend das Land durchzieht. Das sind die Tage der Feste, der Weihe. Dann wird keine Waffe berührt, und alles Eisen wird verhüllt. Ist die Göttin gesättigt von den irdischen Lobgesängen, dann kehrt sie in ihren dunklen Hain zurück. Sie reinigt sich und ihr Gefährt im heiligen Wasser ihres Sees von der Berührung mit den Sterblichen. Der Segen der Nerthus (Hertha) aber wirkt weiter. Die Weiden stehen fett, das Vieh gedeiht, und die Brunnen geben reichlich Wasser. Ringsum im Land wölbten sich einst Hunderte von Erdhügeln über den mächtigen Quadern, unter denen die Herrscher vergangener Zeiten ruhten. Nur wenige sind noch bewahrt, und was von den Grabbeigaben, die sie umschlossen, erhalten ist, füllt die Museen.

So ist dieses Land. Auch auf seinen Menschen und ihren schlichten Wohnstätten ruht noch etwas von dem Segen und den Pflichten, mit denen die Erdmutter ihre Ahnen bedacht hat. In den Bildern der Romantiker Philipp Otto Runge und Caspar David Friedrich, Söhnen der pommerschen Erde, ist das Wesen beider eingefangen, der Menschen und ihres Landes. Als wären sie auf einem Kreidegrund gemalt, dessen Material von der schönsten der Ostseeinseln stammt ...   *W. M. S.*

RÜGEN, the largest of the German islands, reaches a high point of scenic beauty in the Baltic region. White chalk cliffs, crowned by forests of beech trees, rise several hundred feet above the water.

RÜGEN, la plus grande île allemande, est l'un des plus beaux sites de la mer Baltique. Des rochers crétacés de plus de 100 m, blancs comme la neige, s'élancent au milieu de forêts de hêtres.

*Wir danken den nachstehend genannten Lichtbildnern, die uns durch die Überlassung ihrer Farbfotos
die Schaffung dieses Werkes ermöglicht haben. Die veröffentlichten Bilder sind nach Seitenziffern aufgeführt.*

Toni Schneiders, Lindau-Bad Schachen: 18, 22/23, 24, 36,
    39, 43, 44, 51, 52, 63, 76/77, 101, 102, 134.
Toni Schneiders (Archiv Kinkelin, Frankfurt am Main): 160
Heinz Müller-Brunke, Grassau: 14, 60, 82, 86, 105, 113,
    118, 133, 168, vorderes Umschlagbild.
C. L. Schmitt, München: 17, 27, 47, 90, 98, 146, 150, 154, 163.
Hans Hartz, Hamburg: 31, 71, 109, 145, 157, 158/159.
Umschau-Archiv: 179, 180, 184, 187, 188.
Gerhard Klammet, Ohlstadt: 68, 75, 94, 137, 167.
Peter Keetman, Breitbrunn: 13, 28, rückwärtiges
    Umschlagbild.
Bertram Luftbild, München: 32, 35.
Klaus Beyer: 171, 175.
Dr. Harald Busch, Frankfurt am Main: 110, 117.
Cramers Kunstanstalt, Dortmund: 125.
Rudolf Dodenhoff, Worpswede: 138.
Dieter Geißler, Stuttgart: 55, 56.
Hans Huber, Garmisch-Partenkirchen: 21, 67.
Lossen-Foto, Heidelberg: 89, 106.
Aero-Lux, Frankfurt am Main: 114, 126.
Atelier Bartcky, Frankfurt am Main: 176.
Dr. Hell-Bavaria, Gauting vor München: 97.

Höch-Bavaria, Gauting vor München: 72.
Bleicke Bleicken, Kampen auf Sylt: 149.
Hans Breidenstein, Frankfurt am Main: 81.
Harry Evers, Mainz: 172.
Leif Geiges, Freiburg im Breisgau: 48.
Leo Gundermann, Würzburg: 78.
Foto-Hauck Werbestudio, Mannheim: 93.
Heinz Herfort, Kempten: 64.
Lothar Kaster, Gruiten: 121.
Pressebilderdienst Klaus Kindermann & Co.,
    Berlin: 183.
Rüdiger Kluge, Pinneberg: 160.
Deutsche Luftbild KG., Hamburg: 142.
Erich Müller, Kassel: 59.
Preiss & Co. (Braun), Ismaning: 129.
Presse-Foto Seeger, Ebingen: 40.
Hans Retzlaff, Tann in der Rhön: 85.
Schöning & Co., Lübeck: 153.
Ludwig Schumacher, Emden: 141.
Dieter Storp, Düsseldorf: 122.
Hans Wagner, Vlotho: 130.

*Die Freigabenummern für die Luftbildaufnahmen dieses Buches sowie die Behörden, die sie erteilt haben,
sind in der nachfolgenden Aufstellung nach dem Namen der Urheber zusammengefaßt. Dabei ist die eingeklammerte
Ziffer die Seitennummer der betreffenden Abbildung.*

Aero-Lux, Frankfurt am Main: Freigeg. Reg.-Präs. Wiesbaden Nr. 165/68 (114); Freigeg. Hess. W.-Min., Nr. 1063/59 (126).
Bertram Luftbild, München: Sammel-Freigabenummer G/4-2252 bzw. G/4-2109,
erteilt vom Bayr. Staatsmin. für Wirtsch. u. Verkehr (32, 35).
Cramers Kunstanstalt, Dortmund: Freigeg. Reg.-Präs. Münster/Westf., Nr.: Cr 3838/61 (125).
Deutsche Luftbild KG., Hamburg: Freigeg. Luftamt Hamburg, Nr.: 410 625 (142).